Tucholsky Wagner Zola Scott Sydow Freud Schlegel
Turgenev Fonatne
Wallace Twain Walther von der Vogelweide Fouqué Friedrich II. von Preußen
Weber Freiligrath Frey
Fechner Fichte Weiße Rose von Fallersleben Kant Ernst Frommel
Richthofen
Hölderlin
Engels Fielding Eichendorff Tacitus Dumas
Fehrs Faber Flaubert
Eliasberg Ebner Eschenbach
Feuerbach Maximilian I. von Habsburg Fock Eliot Zweig
Ewald Vergil
Goethe Elisabeth von Österreich London
Mendelssohn Balzac Shakespeare Dostojewski Ganghofer
Lichtenberg Rathenau Doyle Gjellerup
Trackl Stevenson Tolstoi Hambruch
Mommsen Lenz Hanrieder Droste-Hülshoff
Thoma von Arnim Hägele Hauff Humboldt
Dach Verne
Karrillon Reuter Rousseau Hagen Hauptmann Gautier
Garschin Defoe Baudelaire
Damaschke Descartes Hebbel
Hegel Kussmaul Herder
Wolfram von Eschenbach Dickens Schopenhauer Rilke George
Bronner Darwin Melville Grimm Jerome
Campe Horváth Aristoteles Bebel Proust
Bismarck Vigny Barlach Voltaire Federer Herodot
Gengenbach Heine
Storm Casanova Tersteegen Grillparzer Georgy
Chamberlain Lessing Langbein Gilm Gryphius
Brentano Lafontaine
Strachwitz Claudius Schiller Kralik Iffland Sokrates
Bellamy Schilling
Katharina II. von Rußland Gerstäcker Raabe Gibbon Tschechow
Löns Hesse Hoffmann Gogol Wilde Gleim Vulpius
Luther Heym Hofmannsthal Klee Hölty Morgenstern
Roth Heyse Klopstock Kleist Goedicke
Luxemburg Puschkin Homer Mörike Musil
La Roche Horaz
Machiavelli Kierkegaard Kraft Kraus
Navarra Aurel Musset Moltke
Nestroy Marie de France Lamprecht Kind Kirchhoff Hugo
Laotse Ipsen Liebknecht
Nietzsche Nansen Ringelnatz
Marx Lassalle Gorki Klett Leibniz
von Ossietzky May vom Stein Lawrence Irving
Petalozzi Platon Knigge
Pückler Michelangelo Kock Kafka
Sachs Poe Liebermann
Korolenko
de Sade Praetorius Mistral Zetkin

Der Verlag tredition aus Hamburg veröffentlicht in der Reihe **TREDITION CLASSICS** Werke aus mehr als zwei Jahrtausenden. Diese waren zu einem Großteil vergriffen oder nur noch antiquarisch erhältlich.

Symbolfigur für **TREDITION CLASSICS** ist Johannes Gutenberg (1400 — 1468), der Erfinder des Buchdrucks mit Metalllettern und der Druckerpresse.

Mit der Buchreihe **TREDITION CLASSICS** verfolgt tredition das Ziel, tausende Klassiker der Weltliteratur verschiedener Sprachen wieder als gedruckte Bücher aufzulegen – und das weltweit!

Die Buchreihe dient zur Bewahrung der Literatur und Förderung der Kultur. Sie trägt so dazu bei, dass viele tausend Werke nicht in Vergessenheit geraten.

Böcklin und Thoma. Acht Vorträge über neudeutsche Malerei

Acht Vorträge über neudeutsche Malerei

Heinrich Thode

Impressum

Autor: Heinrich Thode
Umschlagkonzept: toepferschumann, Berlin

Verlag: tredition GmbH, Hamburg
ISBN: 978-3-8424-9389-6
Printed in Germany

Text der Originalausgabe

Henry Thode

Böcklin und Thoma

Acht Vorträge über neudeutsche Malerei
Gehalten für ein Gesamtpublikum
an der Universität zu Heidelberg im Sommer 1905 von Henry Thode

*

Heidelberg 1905
Carl Winter's Universitätsbuchhandlung

C. F. Winter'sche Buchdruckerei.

*

Vorwort

Hiermit bringe ich die in diesem Sommersemester von mir gehaltenen Vortrage einem größeren Publikum zur Kenntniß. Da ich kein Manuskript für sie benutzt, sondern meiner Gewohnheit gemäß frei geredet habe, sah ich mich für ihre Wiedergabe auf Stenogramme angewiesen. Die Berücksichtigung der Unterschiede in der Wirkung des gesprochenen und des geschriebenen Wortes veranlaßte mich zu kleinen Abänderungen und schärferer Fassung des Ausdruckes im Einzelnen, ohne daß hierdurch der Sinn im Geringsten beeinflußt oder ein literarischer Stil angestrebt worden wäre. Auch erwiesen sich mir einige ausführende Ergänzungen als wünschenswerth, doch konnte ich sie auf ein geringes Maaß beschränken, da nähere Erläuterungen meinen anderen Büchern und Schriften, vornehmlich in *die deutsche bildende Kunst* (in Meyers Volksbüchern), *die Malerschule von Nürnberg* (Frankfurt 1891), *Böcklin* und *Thoma* (Heidelberg 1905), und *Michelangelo* (Einleitung des II. Bandes, Berlin 1903) zu finden sind. An dem Wortlaut der Äußerungen polemischer Art, wie er, im Wesentlichen getreu, durch die Zeitungen wiedergegeben worden ist, habe ich nichts geändert, damit ein Jeder sich davon überzeugen könne, ob die Angriffe, welche Max Liebermann auf Grund jener Referate gegen mich gerichtet hat, berechtigt waren.

Diese öffentlichen Angriffe, wie die auch von anderen Seiten erfolgenden, waren nicht sachliche Erwiderungen, sondern persönliche Schmähungen, dazu bestimmt, mich als Einen hinzustellen, dessen Meinung keinen Werth besitze, und der kein Vertrauen verdiene. Sie sprachen mir, unter Zeugenanrufung eines durch seine anmaaßenden Ausfälle bekannten Wiener Kunsthistorikers, jedes Verständniß für die alte nicht minder wie für die neue Kunst ab. Sie legten mir unsinnige Behauptungen in den Mund, wie z. B. die, daß der Deutsche keine Begabung für die bildende Kunst besitze. Ich bin der intellektuellen Immoralität geziehen, ein Komödiant genannt worden – und was nicht noch sonst! Meine einzige Antwort ist die Veröffentlichung dieses Buches.

Bedenke ich aber die Art der mir widerfahrenen Anfeindungen und die Zustände, die ein solches Vorgehen möglich machen, muß ich mich fragen: sind wir denn so weit gekommen, daß man wichtige allgemeine Angelegenheiten nicht mehr behandeln kann, ohne sich Insulten auszusetzen? Als wäre es nicht schon traurig und beschämend genug, daß der Deutschgesinnte sich genöthigt sieht, deutsche Kunst und deutsches Wesen zu rechtfertigen, und im eigenen Vaterlande sich wehren muß, um zu sein, was er ist!

Heidelberg, 13. September 1905.

Henry Thode.

*

Gieb also, werde ich dem jungen Freund der Wahrheit und Schönheit zur Antwort geben, der von mir wissen will, wie er dem edeln Trieb in seiner Brust bei allem Widerstande des Jahrhunderts Genüge zu thun habe, gieb der Welt, auf die Du wirkst, die R i c h t u n g zum Guten, so wird der ruhige Rhythmus der Zeit die Entwicklung bringen. Diese Richtung hast Du ihr gegeben, wenn Du, lehrend, ihre Gedanken zum Nothwendigen und Ewigen erhebst, wenn Du, handelnd oder bildend, das Nothwendige und Ewige in einen Gegenstand ihrer Triebe verwandelst. Fallen wird das Gebäude des Wahns und der Willkürlichkeit, fallen muß es; es ist schon gefallen, sobald Du gewiß bist, daß es sich neigt; aber in dem innern, nicht bloß in dem äußern Menschen muß es sich neigen. In der schamhaften Stille Deines Gemüthes erziehe die siegende Wahrheit, stelle sie aus Dir heraus in der Schönheit, daß nicht bloß der Gedanke ihr huldige, sondern auch der Sinn ihre Erscheinung liebend ergreife. Und damit es Dir nicht begegne, von der Wirklichkeit das Muster zu empfangen, das Du ihr geben sollst, so wage Dich nicht eher in ihre bedenkliche Gesellschaft, bis Du eines idealischen Gefolges in Deinem Herzen versichert bist. Lebe mit Deinem Jahrhundert, aber sei nicht sein Geschöpf!

Schiller:
Über die ästhetische Erziehung des Menschen.

I. Protest und Bekenntniß. Ästhetische Grundthatsachen. Nationale Kunst.

Es ist das erste Mai, daß ich eine Universitätsvorlesung über moderne bildende Kunst halte. Wenn ich bisher in meiner akademischen Thätigkeit ausschließlich die ältere behandelt habe, so geschah es in der Überzeugung, daß, wenn wir uns eine künstlerische Bildung verschaffen wollen, dies nur auf Grund allgemein anerkannter Thatsachen und einer Belehrung durch die unvergänglichen Schöpfungen großer älterer Kunstperioden möglich sei. Denn solchem lebendigen Zwecke hat, neben dem rein wissenschaftlichen historischer Erkenntniß, das Studium der Kunstgeschichte zu dienen. Was die Kunst unserer Zeit anbetrifft, so stehen wir selbst ihr zu nahe, als daß wir ihre Bedingungen und Zusammenhänge vollständig überschauen, oder gar ihr sichere ästhetische Normen entnehmen könnten. Die Verantwortung, welche ein Lehrer, sie schildernd und abschätzend, übernimmt, ist eine große, denn die zu behandelnden Fragen greifen tief in diejenigen unserer gesamten Kultur ein. Unsere Zeit ist lebhaft, bis zur Beunruhigung von ihnen erregt, und trotz der Verschiedenheit der Ansichten glauben die Meisten ganz sicher in ihrem Urtheil zu sein. Gerade dieser Umstand aber, daß es so verschiedene Meinungen geben kann, beweist, auf wie wenig festem Boden sich die Betrachtung bewegt.

Gleichwohl habe ich mich entschlossen, meine Ansichten über die neuere deutsche Malerei – daß sich dieselben im wesentlichen auch auf Baukunst und Skulptur anwenden lassen, ist leicht begreiflich – in diesem Semester zu äußern. Ich bin hierzu bewogen worden durch die Veröffentlichung eines umfänglichen Werkes von Julius Meier-Graefe: *Entwickelungsgeschichte der modernen Kunst*, dem der Verfasser jüngst ein zweites: *der Fall Böcklin* hat folgen lassen. Man überginge diese Bücher wohl besser mit Stillschweigen, denn sie entwickeln mit scheinbarem Tiefsinn Thesen über die Kunst, die zunächst vielleicht blenden können und auch geblendet haben, deren Nichtigkeit sich aber jedem wirklich künstlerisch Empfindenden und künstlerisch Gebildeten enthüllt. Da sie jedoch die Meinung nicht nur eines Einzelnen aussprechen, sondern die Parole einer großen, immer mächtiger werdenden Parthei, welche ihren

Hauptsitz in Berlin hat, ausgeben, und weil ich die Gefahr dieser Meinungen für eine sehr bedeutende halte, habe ich gleich nach der Lektüre der *Entwickelungsgeschichte* beschlossen, die hier berührten Fragen in diesem Sommer in meinem Kolleg über Böcklin und Thoma zu behandeln, mit Hintansetzung der Scheu, die mich bisher davon zurückhielt. Das Kolleg erhält hierdurch einen allgemeineren Charakter, als sein Titel voraussetzen lassen würde.

Meier-Graefes Ausführungen sind die längst von mir erwartete Konsequenz einer Kunstauffassung, die neuerdings von den fanatischen Bewunderern und Verehrern des modernen französischen Impressionismus gehegt wird. Diese sind soweit gegangen, zu behaupten, daß Manet ein Genie sei, nur mit den Größten aller Zeiten zu vergleichen, daß ihm und den französischen Anhängern seiner Richtung, wie Renoir, Monet, Degas, Seurat, Signac und anderen, eine ganz neue künstlerische Naturanschauung von höchster Bedeutung und infolgedessen eine ganz neue ästhetische Einsicht und Lehre verdankt werde, daß damit eine große neue Kunstepoche beginne, daß alles Heil der Malerei nur in dem Verfolgen dieser Richtung zu finden sei. Da nun diese französische Kunst in einem direkten Gegensatz zur originell deutschen steht, mußte es dahin kommen, daß die letztere, wie in Meier-Graefes Entwickelungsgeschichte geschieht, zugunsten der französischen tief herabgesetzt, ja mit Verachtung behandelt wurde, dahin kommen, daß Meister von besonders deutscher Art, wie Böcklin und Thoma, in solchen Expektorationen einer Kritik unterzogen wurden, welche das Unkünstlerische, ja dem Künstlerischen Entgegengesetzte ihres Schaffens nachweisen sollte. Die Dinge liegen jetzt klar zutage; die Farbe ist von jener Seite bekannt worden, und ich will auch Farbe bekennen. Diese Vorträge sind das Bekenntniß meiner Ansichten über die moderne Malerei und zugleich ein Protest gegen jene einseitige, das Fremde proklamirende Kunstauffassung, die vornehmlich von Berlin aus Deutschland aufgezwungen werden soll.

Es herrscht in unseren Tagen eine Verwirrung künstlerischer Meinungen, wie sie größer nicht zu denken ist. Mühsam hat die Kunst Böcklins in ihrer gewaltigen Eigenart ihren Weg zu den Herzen gefunden, und jetzt darf es gewagt werden, zu sagen, daß unsere Bewunderung ein Anzeichen des Philisterthums sei. Sie wird hingestellt als eine illustrative Gedankenkunst, als eine weitestgehende Verirrung in formal malerischer Hinsicht. Nur die Jugendwerke des Meisters seien künstlerischer Art, sein später ausgeprägter Stil eine Entartung. Thoma wird ganz nebensächlich und wegwerfend behandelt. Also die Deutschen hatten ihre Verehrung für diese beiden Meister, – denn gegen sie richten sich die Hauptangriffe –, aber auch für andere, die auf Hochschätzung Anspruch machen dürfen, zu verleugnen und zu rufen: pater peccavi! Heil dem französischen Impressionismus! Diese Zumuthung bezeichnet eine Tyrannei, wie sie in künstlerischen Dingen unerhörter noch nicht vorgekommen ist. In einer einzigen Richtung, die nicht einmal aus unserem deutschen Wollen und Schaffen hervorgegangen, sondern unter ganz bestimmten Bedingungen der Kultur und Kunst Frankreichs in den sechziger und siebziger Jahren erwachsen ist, soll die Zukunft unserer deutschen Malerei beruhen, die Zukunft der Malerei überhaupt? Solch eine, freilich schon zu einem Schlagwort gewordene Behauptung bedurfte denn doch einer Begründung. Meier-Graefe suchte sie in seiner Entwickelungsgeschichte zu geben – ähnliche Behauptungen aber konnte man, seitdem Richard Muthers *Geschichte der Malerei im XIX. Jahrhundert* erschienen war, von so Vielen vernehmen, daß wir in dem neuen Buche eben das Programm einer ganzen Parthei zu erkennen berechtigt sind. Lassen doch auch die vielen rühmenden Besprechungen, die ihm gewidmet wurden, keinen Zweifel über die weite Verbreitung dieser Ansichten und die bereits starke Beeinflussung der öffentlichen Meinung durch sie aufkommen. Ich spreche von der *Entwickelungsgeschichte*, nicht von dem *Fall Böcklin*, auf den näher einzugehen überflüssig erscheint, denn seine allgemeine Verurtheilung wird nicht auf sich warten lassen.

Jene Begründung nun der unvergleichlichen Bedeutung des Impressionismus, selbst seiner krassesten Extreme, ja dieser noch dazu ganz besonders, wird gesucht einerseits in ästhetischen Sätzen, auf die ich später antworten werde, und andererseits in waghalsigsten historischen Konstruktionen. Diese setzen die Annahme voraus: die Malerei sei in einem durch die Jahrtausende zu verfolgenden beständigen Fortschritt, wenn auch einmal eine scheinbare Unterbrechung einträte, begriffen. Die Art der Entwickelung wird dank einer energischen Vereinfachung eine sehr leicht zu fassende, indem jener Fortschritt als der von der Linie zur Fläche – Sie werden es leichter verstehen, wenn ich dafür sage: von der Zeichnung zur Farbe – hingestellt wird und im Allgemeinen zwei Perioden unterschieden werden. Die zweite, die eigentlich malerische, beginnt mit den van Eycks im Norden und mit Giovanni Bellini im Süden. Sie steigert sich bis zu den drei großen Erscheinungen: Rubens, Rembrandt, Velasquez. Nun, dagegen ist nicht viel zu sagen, das ist auch altbekannt. Aber daß wir weiter auf Wegen, die über Watteau und Goya führen, – unter großen Widersprüchen einmal der Geringschätzung und dann wieder der übertriebensten Werthschätzung der Kunst des XIX. Jahrhunderts – zu einem höchsten Gipfel in Manet und seinen Nachfolgern gelangen, das ist das Überraschende. Und noch mehr vielleicht, daß damit nun erst die Grundlagen größter zukünftiger Kunst gegeben seien. Ich werde dieser Theorie später eine freilich sehr anders lautende gegenüberzustellen haben.

Der Unbefangene wird sich eine solche Meinung gar nicht erklären können. Aber mit einem großen Apparat von ästhetischen Argumenten vorgetragen, wird sie doch einen Eindruck zu machen nicht verfehlen, zumal diese Ansichten einem begreiflichen Verlangen der Jugend entgegenkommen. Meine Erfahrung als Lehrer unterrichtet mich darüber, wie sehr im Verlaufe der letzten zehn Jahre die Theilnahme an den neuesten Erscheinungen der bildenden Kunst bei den jungen Leuten zugenommen hat, mit welcher Erregung sie für dieses Neueste eingenommen sind. Das ist durchaus verständlich. Jeder, und namentlich in jungen Jahren, wünscht in seiner eigenen Zeit Großes entstehen zu sehen. Es ist ein idealistischer Zug, begründet im Verlangen nach Begeisterung, nach starkem Erleben. Aber hierin liegen auch große Gefahren. Glücklich der, dem die Schöpfung des Großen mitzuerleben vergönnt ist, er empfangt die herrlichste Mitgift für sein Leben und seine Bildung. Wie aber dann, wenn die Begeisterung sich auf Falsches richtet, wenn die schönen Impulse irregeleitet werden, der Geschmack in der Periode zartester Empfänglichkeit vom Mittelmäßigen oder Unechten, das mit den Ansprüchen des Bedeutenden auftritt, beeinflußt wird? Heißt das nicht soviel, als daß, im besten Falle, bei wahrhaftigen und begabten Menschen erst nach langem Irren und Schwanken, vielleicht auch nie ganz, das Verhältniß zu dem Großen, Ewigen gewonnnen, in den meisten Fallen aber das Gefühl für dieses erstickt wird? Und diese Jungen werden zu Alten, zu Erziehern einer neuen Generation. Welche Folgen entspringen daraus für die Kultur?

Nun aber, wenn ich von der Jugend absehe, auf die es ja vor allem ankommt wie steht es mit dem Publikum im Allgemeinen? Bei ihm gewinnen solche Meinungen nicht leicht einen schnellen Zugang; was sie aber bereits erreicht haben, ist der Zustand jener Verwirrung im Urtheil, von der ich schon sprach. Beobachten Sie die Besucher unserer großen Ausstellungen, dieser barbarischen Veranstaltungen! Sehen Sie sich den Blick der die Kunstwerke Betrachtenden an und hören Sie auf ihre Äußerungen, so wird Ihnen die vollständige, erschreckende Unsicherheit nicht entgehen. Kein Mensch weiß heute in der That eigentlich mehr, – ich sage nicht, was gut oder schlecht ist, sondern was ihm gefällt oder nicht gefällt. Im Verlaufe weniger Jahrzehnte ist ihm so viel Verschiedenes, vornehmlich in den Zeitungen und Zeitschriften, aber auch durch Schriften und persönliche Mittheilungen gerühmt worden, daß er jede naive Anschauung und jeden Muth einer eigenen Meinung verloren hat. Halsstarrige freilich sind allem Zureden gegenüber taub geblieben und halten mit rührender Treue und Unbefangenheit an dem fest, was in ihren Jugendjahren das Herrschende war. Sie haben den großen Vortheil einer unerschütterlichen Meinung und Unbeirrbarkeit voraus: für sie ist alles Neue an sich schlecht. Andere sind mit den Wandlungen eine Weile vorwärts gegangen, dann haben sie einen Strich gemacht und Halt gesagt. Wieder Andere, die nie mit etwas zufrieden gewesen sind, üben unentwegt ihre Kritik an Allem, was ihnen gerade vor die Augen kommt, weiter. Dann aber giebt es eine ganze Kategorie von Kunstfreunden, welche um alle Welt nicht Philister sein möchten. Die wollen immer auf der *Höhe der Zeit* bleiben. So oft ist das Große bei seinem ersten Erscheinen verkannt und verspottet worden – dessen will man sich als freidenkender Mensch nicht schuldig machen. Also eingetreten für das, was von der Menge nicht verstanden und verurtheilt wird – also für alles Neueste! Und die Jagd vom Neuen zum Neuesten treibt sie unaufhaltsam vorwärts, ohne daß sie bemerken, wie schnell in den letzten Jahrzehnten alles Neue alt geworden ist. Die Zahl derer, die willig das Gute anerkennen, in welcher *Richtung* es auch sich finde, die wirklich künstlerische Eindrücke haben, ist eine verschwindend kleine. Nun wird man vielleicht sagen: diese Erscheinungen waren immer da. Ich antworte: nein, so nicht! Denn erstens sind die Ausstellungen mit ihren Massenvorführungen von Kunstwerken etwas Neues und zweitens hat es einen so schnellen Wechsel aufeinander folgender und ineinander wirkender Richtungen, wie in unserer Zeit, nie zuvor gegeben. Aus dem Allen ergiebt sich mit Nothwendigkeit, daß das Publikum, welches denn doch auch dazu bestimmt ist, in den Ausstellungen nicht nur sich zu bilden, sondern auch zu kaufen, einer Leitung bedarf im Hinblick auf beides. Und hier stellt sich nun ganz natürlich die Gefahr einer sehr verderblichen Gestaltung der künstlerischen Verhältnisse ein: nämlich der Verquickung ästhetischer Bildungsbestrebungen und kunsthändlerischer Interessen. Bei dem Mangel an allen natürlichen Bedingungen für das künstlerische Schaffen – ich werde hiervon noch ausführlich zu sprechen haben – konnte es nicht anders kommen, als daß der Kunsthandel eine immer zunehmende Rolle im künstlerischen Leben spielen muß. Und es konnte auch nicht anders sein, als daß kaufmännische Spekulation für die Kunst und für die öffentliche Meinung verhängnißvoll ward. Die Beeinflussung der Öffentlichkeit ging und geht nicht allein von denen aus, welche die Bildungsinteressen im Auge haben, sondern auch von jenen, welche die Vermittlung zwischen Publikum und Kunst in materiellem Sinne zu ihrem Berufe gemacht haben. Die Berührung zwischen dem Kunstschriftsteller und dem Kunsthändler, eine gegenseitige Beeinflussung konnte nicht ausbleiben, und welche bedenklichen Folgen das haben muß, ist ersichtlich. Was hindert schließlich, wie wir es erleben, den Kunsthändler daran, selbst Kunstschriftsteller zu werden? In der That haben sich die Dinge nun in neuester Zeit folgendermaßen gestaltet.

Die meinungbildende Macht ist ein verhältnißmäßig kleiner, festverbundener Kreis. Er besteht aus verschiedenen Elementen. Erstens aus den Künstlern selbst, die in einer so intimen Beziehung, wie es niemals in den Zeiten großer alter Kunst der Fall war, zu dem Kunsthändler stehen. Zweitens aus jenen Kunsthändlern, die neben den älteren Kunstvereinen und dem großen Ausstellungswesen sich durch Vertretung des Neuen eine besondere Stellung errungen haben; drittens aus solchen, die mit der Feder in der Öffentlichkeit wirken, Kunsthistorikern und Kunstschriftstellern, die aus Überzeugungen, an deren Ehrlichkeit wir nicht zweifeln, aber häufig mit Fanatismus in dem Wahne befangen, das Allerneueste sei auch das Beste, für dieses eintreten, und viertens aus Skribenten, welche materielle Zwecke verfolgen. Mit diesen Elementen stehen in Zusammenhang Kunstfreunde, welche die Meinungen und Vorliebe jener Kunstkenner theilen, und der Luxusgesellschaft Angehörige, vom Wunsche getrieben, die Rolle, die sie in der Welt spielen möchten, durch Kunstliebhaberei und Protektion gerade der neuesten Kunstrichtungen zu fördern. Charakteristisch für diesen ganzen Kreis ist eine besondere Art der Kunstauffassung und -bewerthung: eine Gourmandise für das Technische, ein sich immer mehr steigerndes Raffinement des Geschmackes an allem Gesuchten und Ungewöhnlichen, dem zu entsprechen auch ein pretiöser litterarischer Stil sich ausgebildet hat. Man hat gleichsam das Privileg der Kunstkennerschaft. Leute anderer Meinung werden mit dem mitleidigen Achselzucken überlegener ästhetischer Bildung betrachtet. Da nun die meisten Kunstzeitschriften, unter denen der *Kunstwart* eine bedeutungsvolle Ausnahmestellung einnimmt, und die einflußreichen Zeitungen den Standpunkt jener Kenner vertreten, begreift es sich, daß das frühere Verhältniß der Öffentlichkeit zur Kunst sich ganz in sein Gegentheil verwandelt hat. Früher wurde mit dem Widerstand träger Gewohnheit alles Neue zunächst verurtheilt und abgelehnt. Heute wird es mit allen Tönen rückhaltloser Begeisterung begrüßt, gerechtfertigt und gepriesen, und es kann gar nicht rasch genug *vorwärts* gehen, ja es giebt eine nicht kleine Anzahl Solcher, welche selbst die entsetzlichsten Ausgeburten einer sich überhetzenden Sucht nach dem Neuen, wie sie bei dieser Jagd ganz natürlich ist, als Wunderdinge und Offenbarungen anstaunen. Die moderne ästhetische Phraseologie ist nicht verlegen und wird mit allem dem fertig.

Wie könnte es anders sein, als daß das Publikum, wie ich sagte, gänzlich verwirrt und rathlos ist. Die Verhältnisse sind so von Grund aus ungesunde, daß eine Rückkehr zur Besinnung dringendstes Erforderniß wird, soll unsere gesamte Bildung nicht die empfindlichste Einbuße erleiden. Und zu dieser ernsten Besinnung können wir – aller Thatsachen der großen Kunst vergangener Zeiten tief eingedenk – nur mit Hülfe der Belehrung seitens solcher großen schöpferischen Geister gelangen, die, frei von allen Theorien, Prinzipien und dominierenden Richtungen, aus einem inneren Müssen ihre Kunst gestaltet haben und denen wir daher die Bestimmung des sicheren ästhetischen Standpunktes, eine Aufklärung unseres Gefühles und eine Stärkung unserer eigenen Produktivität verdanken können. Solche Geister sind Böcklin und Thoma. Wir dürfen ihnen Vertrauen schenken, denn sie haben mit dem, was auf den Gassen gepredigt wird, nichts zu thun. In diesem Sinne habe ich ihre Namen meinen Vorlesungen, welche sich mit den Fragen der neudeutschen Malerei beschäftigen sollen, als Überschrift gegeben.

*

Was wir gewinnen wollen, ist ein sicherer Standpunkt inmitten der Flucht der künstlerischen Erscheinungen, ein Maßstab der Beurtheilung, eine klare Übersicht, innere Gewißheit. Die erste und wichtigste Forderung, die an uns herantritt, ist die, uns entscheidende ästhetische Thatsachen zu vergegenwärtigen, welche uns die Antwort auf die Frage: was ist das Wesentliche des künstlerischen Schauens und Schaffens? geben. Diese Antwort gilt zugleich dem Gestalten und dem Betrachten eines Kunstwerkes, denn es handelt sich bei dem einen und bei dem anderen um dieselben Phänomene. Wir müssen hierbei bemüht sein, uns von jeder Einseitigkeit freizuhalten. Das heißt, wir dürfen nicht von einem ästhetischen System ausgehen: die alten, lange geheiligten, sind diskreditirt, und die Versuche, neue zu bilden, bieten keine Gewähr, da sie zumeist auf Grund gerade der künstlerischen Erscheinungen gebildet werden, die wir zu beurtheilen erst lernen wollen. So bleibt uns nichts übrig, als uns nur an die einfachsten, allgemeinsten Thatsachen zu halten, die jeder Unvoreingenommene, künstlerisch Empfindende in seiner Erfahrung feststellen kann und muß. Sie genügen für unsere Zwecke vollständig. Wir suchen uns also Rechenschaft zu geben über das, was bei einem künstlerischen Eindruck in uns vorgeht, und verwerthen hierfür, um gewiß zu sein, daß es sich um einen solchen handelt, die Erfahrungen, die wir bei der Anschauung großer alter Meisterwerke machen.

Eines ist zunächst gewiß: die künstlerische Auffassung unterscheidet sich durchaus von unserer gewöhnlichen Betrachtungsweise der Dinge, und in diesem Unterschied ist die ideelle Bedeutung der Kunst begründet. Gemeinsam ist beiden Auffassungen nur die Sinnesempfindung. Bei der gewöhnlichen Betrachtung der Dinge ist es der Verstand, welcher die Empfindungen sich dienstbar macht. Ich nehme Verstand hier, wie durchweg bei allen späteren Erörterungen, nach der Schopenhauerschen Definition als Vermögen, die Erscheinungen in Raum und Zeit nach dem Gesetz der Kausalität aufeinander zu beziehen, Vernunft als das Vermögen der Begriffe. Auf die Worte kommt es übrigens ja nicht an, wenn wir uns nur darüber verständigt haben, welche geistigen Thätigkeiten wir mit ihnen meinen. Der Verstand stellt das Was und das Warum fest. Er macht die Erscheinungen zur Wirklichkeit für uns, belehrt uns über die Art der Dinge und ihre Beziehungen zueinander in Raum und Zeit. Daher seine Auffassungsweise als die realistische zu bezeichnen ist. Unterscheidet sich die künstlerische von der gewöhnlichen, so heißt dies also nichts anderes, als daß sie nicht eine Verstandesauffassung, sondern anderer Art ist. In dem Augenblicke eines künstlerischen Eindruckes – der nie ein langandauernder sein kann – wird, wie uns die Erfahrung lehrt, der Verstand außer Aktion gesetzt. Die Wahrnehmung der Dinge wird zu einer Anschauung. Wenn wir zu sagen pflegen: wir verlieren uns in Anschauung, so heißt dies eben, daß unser Verstand unthätig ist. Es heißt aber außerdem noch etwas Anderes. Die Verstandesauffassung der Wirklichkeit – wird sie nicht von dem Erkenntnißbedürfniß der Vernunft in Dienst genommen, von welcher dritten, die Wissenschaft betreffenden Thätigkeit ich hier nicht sprechen will – ich sage, die Verstandesauffassung der Wirklichkeit dient unserem egoistischen Lebensdrange. Die Dinge und Vorgänge, die wir wahrnehmen, erregen unser Begehren und Wollen. In dem Zustande des Sichverlierens in Anschauung sind wir vom Begehren frei.

Die künstlerische Auffassung wäre also eine von der Verstandesaktion und vom Begehren freie Sinnesempfindung. Bloß eine solche? Giebt es beim geistigen und seelischen Wesen eine isolirte Empfindungsthätigkeit? Nein. Ist der Verstand unthätig, so doch nicht die produktive Kraft des Vorstellungsvermögens: die Einbildungskraft oder Phantasie. Diese bleibt thätig, auch wenn der Verstand ausgeschaltet wird. Sie verarbeitet die sinnliche Anschauung zu einer Vorstellung. Und thätig bleibt auch das ewig bewegliche Gefühl. Sinnlichkeit und Phantasie also wirken gemeinsam auf das Gefühl. Da nun aber das Begehren ruht, hat das Gefühlsleben nicht, wie sonst immer, mit selbstischem Verlangen und Wollen zu thun, sondern ist von diesem gereinigt. Wir wollen diese durch den künstlerischen Eindruck hervorgebrachten Gefühle, an deren Wirksamkeit niemand zweifeln kann, *reine* Gefühle nennen.

Durch Sinnlichkeit und Phantasie bestimmtes reines Gefühlswalten also ist das Charakteristische künstlerischen Erlebens. Befragen Sie Ihre eigene Erfahrung, ob diese Definition, die wir aus der Selbstbeobachtung gewinnen, nicht die Art des Vorganges richtig bezeichnet. Ihre höheren Sinne sind thätig, Ihre Einbildungskraft erzeugt Vorstellungen, Ihr Gefühl ist entzückt, erhoben, und dabei vergessen Sie sich selbst, haben nichts mehr mit der Wirklichkeit, nichts mehr mit den Interessen, die Ihren Verstand erregen, zu thun!

Dies wäre der Vorgang in uns, also das Künstlerische von subjektiver Seite betrachtet. Welcher Art sind die objektiven Erscheinungen? Auch hier beschränke ich mich auf die Hervorhebung einfachster Thatsachen und Nothwendigkeiten, wie sie sich mir aus der Erfahrung ergeben. Es versteht sich von selbst, daß die Empfindungen, welche den künstlerischen Eindruck bestimmen, lusterregend sein müssen, denn erregten sie Unlust, so würde sogleich das Gefühl sie abwehren und den Verstand zur Hülfe aufrufen. Solche Lustempfindungen unserer höheren Sinne beruhen in Verhältnißmäßigkeiten von Schwingungen, die schließlich nur in Zahlen ausgedrückt werden können. Da uns Zahlen aber nichts sagen, dürfen wir diese naturwissenschaftliche Seite der Frage unberührt lassen. Es genügt, auf solche letzte gesetzmäßige Begründung der wohlgefälligen Wirkung dessen, was wir als Einheiten, Harmonien bezeichnen können, hinzuweisen.

Die Verstandesauffassung der Dinge ist eine analysirende, der Verstand trennt, sondert – das künstlerische Gefühl verbindet, einigt. Darin stimmen wohl alle ästhetischen Ansichten überein. Die künstlerische Anschauung also erfaßt Einheiten in dem Vielen und Mannigfaltigen. Das besondere Vermögen des Künstlers ist die Kraft der Einheitsbildung, der Beziehung des Vielen und Mannigfaltigen aufeinander, die nur durch Vereinfachung hervorgebracht werden kann. Diese Vereinfachung vollzieht sich in der Einbildungskraft. Nur durch die Hervorbringung einheitlicher deutlicher Vorstellungen vermag der Künstler im Betrachter den Verstand zum Schweigen zu bringen und reine Gefühle zu erwecken. Diese Einheitsbildung kann in der Malerei durch verschiedene Faktoren erreicht werden, einerseits durch die lineare Beziehung der Erscheinungen aufeinander in Symmetrie und Proportionalität, sowohl im flächenhaften, als im plastisch räumlichen Sinne, andererseits durch die Beziehung der Farben aufeinander nach Harmonie und Lichtbestimmungen. Je durch das Vorwalten des einen oder des anderen Faktors wird der stilistische Charakter bestimmt. Sie sind es, welche die Gesetzmäßigkeit in besonderer Weise herstellen.

Betrifft dies die formale Seite, so ist bezüglich des Gegenständlichen des Kunstwerkes Folgendes zu bemerken. Ausgeschlossen von der Darstellung ist Alles, was direkt unseren Ekel hervorbringt oder unsere Begierden erweckt. Vieles vermag der Humor zu retten, Vieles kann durch große Kunst der Behandlung erträglich gemacht werden, aber es giebt Dinge – ich denke namentlich an solche sexueller Art –, welche, mögen auch alle Mittel der Kunst aufgeboten werden, nicht zu rein künstlerischem Eindruck gebracht werden können, weil sie reine Gefühle nicht aufkommen lassen, sondern sei es Abscheu sei es Begehren hervorrufen. Was das unendlich reiche Gebiet des Darstellbaren angeht, so entscheidet über den höheren oder minderen Werth die Gefühlsbedeutung der erweckten Vorstellungen. Auf die bloße sinnliche Lustempfindung, die durch Form und Farbe erregt wird, reduziert sich, wie wir sahen, der künstlerische Genuß nicht. Ware dies der Fall, dann wäre in der That, wie Viele behaupten, das Gegenständliche gleichgültig. Das wäre denkbar nur, wenn wir bloße Sinnenwesen wären. Wir sind aber geistige Wesen: durch die Sensation wird unsere Phantasie rege, und die von dieser geformten Vorstellungen mit ihren Assoziationen können das Gefühl sehr verschiedenartig stimmen, denn sie können nach ihrer Bedeutung und Einwirkung auf das Gefühl sehr verschiedener Art sein. Es giebt da eine Rangordnung vom Unbedeutenden bis zum höchst Bedeutenden. Das hat nichts mit der Frage nach der künstlerischen Vollkommenheit zu thun. Ein Stillleben kann, von Meisterhand ausgeführt, so gut ein vollkommenes Kunstwerk sein wie der Zeus des Phidias oder eine Madonna Raphaels. Aber es ist doch nicht zu leugnen, daß der Zeus, weil er erhabenere Vorstellungen wachruft, das Gefühl in anderer, höherer Weise bestimmt und in höherem Grade erhebt als das Stillleben.

Der Eine mag empfänglicher für diese, der Andere für jene Eindrücke sein – allgemein betrachtet sind die verschiedenen Grade der Gefühlsbedeutung der Erscheinungen nicht wegzuleugnen. Nur Erscheinungen, welche Bedeutung für das Gefühl haben oder die zu einer solchen erhoben werden können, sind der künstlerischen Behandlung würdig und fähig. Alle solche, welche die Thätigkeit des Verstandes in Anspruch nehmen, sind unkünstlerisch. Hierdurch ist die Wahl der Stoffe bedingt. Es ist ein Wahn, daß jeder Stoff bloß durch die Auffassung und Behandlung künstlerisch zu gestalten sei. Viele Vorstellungen historischer und allegorischer Art sind als künstlerischer Vorwurf ungeeignet, weil das zu Schildernde unverständlich ist und daher Verstandeserklärung verlangt. Aber nicht allein solche Fiktionen, sondern auch Vorgänge und Zustände menschlichen konventionellen Lebens, die in der Wirklichkeit zu beobachten sind, nämlich solche, denen für das Gefühl nichts abzugewinnen ist. Alle malerischen Reize können eben in derartigen Fällen – und wie viele bietet die neuere Kunst dar, wie ausgeschlossen waren sie in früheren großen Kunstperioden! – den Verstand nicht zum Schweigen bringen, welcher sich mit der nüchternen Frage beschäftigt, ob die Darstellung naturgetreu sei oder sich, wenn sie glaubhaft wirkt, ihr genau so wie der Wirklichkeit gegenüber verhält. – Das Gegenständliche spielt also eine große Rolle. Wer es wirklich über sich bringen konnte, es gar nicht zu beachten, sondern ganz nur der Sinnesempfindung sich hinzugeben, der hat noch lange keinen künstlerischen Eindruck, denn zu diesem gehört Phantasie- und Gefühlsthätigkeit. Aber vom Gegenständlichen abzusehen ist überhaupt eine Unmöglichkeit. So viel über Stoff und Gehalt.

In der Angemessenheit der Art der Einheitsbildung zu der Art des Stoffes, in der Angemessenheit der Art der sinnlich formalen Gesetzmäßigkeit zum Charakter der Vorstellung ist der Stil begründet, die künstlerische Wahrheit und Nothwendigkeit, die mit der Naturwahrheit nichts zu thun hat.

Fassen wir kurz zusammen: *Künstlerische Empfängniß ist die Erweckung reinen, das heißt unselbstischen Gefühles durch einen von der höheren Sinnlichkeit und der Einbildungskraft gemeinsam hervorgebrachten Eindruck. Das Kunstwerk ist der durch vollkommene Wiedergabe einer einheitlichen deutlichen Vorstellung gestaltete Ausdruck reinen Gefühles.*

*

Diese ganz allgemein gehaltenen Feststellungen ästhetischer Grundsatze reichen aus, alle kommenden Untersuchungen verständlich zu machen. Eine andere zweite Vorbetrachtung aber erscheint noch erforderlich.

In der Zeit internationalen Verkehrs ist es nicht unbegreiflich, daß man daran denken kann, auch die Kunst zu einer internationalen zu machen. In der That findet ein allgemeiner Austausch künstlerischer Auffassungen und Bestrebungen in so hohem Grade statt, daß man es häufig einem Werke nicht ansieht, in welchem Lande es entstanden ist. Können wir dies als eine rühmenswerthe Errungenschaft unsrer Zeit betrachten? Ware eine internationale Kunst, also eine solche von uniformem Charakter bei allen Völkern, etwas Wünschenswerthes? Ich meine, es wäre das Traurigste und Langweiligste, was man sich vorstellen konnte. Als ob aber eine solche internationale Kunst überhaupt denkbar sei! Was jetzt international genannt werden konnte, weil es überall auftritt, ist und bleibt doch französisch. Solange nicht alle Wesens- und Kulturunterschiede der Völker gänzlich aufgehoben wären, könnte es eine internationale, das heißt einheitliche allgemeine Kunst nicht geben. Denn selbst der eingefleischteste Formalist wird sich wohl davor scheuen, die Kunst für Etwas zu erklären, was unabhängig vom Volkscharakter und Allem, was damit zusammenhängt, ist. Bis aber die Volksunterschiede verschwunden sind, durfte es doch noch eine Weile dauern – und wären sie verschwunden, dann wären vermuthlich auch die Völker selbst verschwunden. Also internationale Kunst ist ein Unding. Selbst in dem Sinne, daß man das Vorwalten einer und derselben künstlerischen Richtung allüberall international nennen wollte, denn diese Richtung würde doch immer zuerst von einem bestimmten Volke aufgebracht werden und daher nach diesem zu benennen sein.

Das sind ganz müßige Betrachtungen. Von jeher ist die Kunst etwas durchaus Nationales gewesen, weil sie immer der Ausdruck des Wesens und der Kultur eines Volkes war. Sie mochte sich noch so weit über andere Völker ausbreiten und hierbei Modifikationen erfahren, sie war die Schöpfung eines Volkes. Hier stehen wir gleich vor einer der wichtigsten Thatsachen, die uns später noch beschäftigen wird. Die große Kunst ist nicht ein Spiel mit den Erscheinungen des Lebens, nicht ein Spiel mit Formen – darf man von einem Spiel in hohem Sinne bei der Kunst auch sehr wohl sprechen –, sondern nothwendiger Ausdruck menschlicher Innerlichkeit, der alle Naturnachbildung nur dient. Und daher hat sie eben ihren ausgesprochen volksthümlichen Charakter wie die Sprache. Sie ist ja auch eine Sprache. Wie der Einzelne aus innerer Nothwendigkeit zur künstlerischen Äußerung getrieben wird, so auch ein ganzes Volk. Das eine kann bei dem andern in die Lehre gehen, sich die Errungenschaften des anderen zu eigen machen, aber, wenn es kräftig ist, doch nur, um für eigene Ziele und Zwecke zu lernen, das Fremde in eigenem Sinne zu verwerthen. Sich ganz unter die Herrschaft einer anderen fremden Kunstrichtung, und zwar noch dazu einer von höchst zweifelhaftem Werth zu begeben, wie wir es nach dem Wunsche Mancher dem französischen Impressionismus gegenüber thun sollten, ist absurd trotz aller internationalen Kunstausstellungen, die ein Verhängniß schlimmster Art für die Kunst geworden sind. Und es ist auch gar nicht möglich, es sei denn, wir hatten keine eigene Kraft, keine eigenen Ideale mehr. *Alle ächte Kunst ist Volkskunst*, das werden wir uns später noch sehr deutlich machen. *Aus einem tiefen Müssen der Volksseele stammt sie und nur wo sie aus der Volksseele stammt, hat sie ein nothwendiges Leben. –*

Wollen wir ein Urtheil über die neuere deutsche Malerei, die Erkenntniß gewinnen, wo in ihr das Große und Ächte zu finden und auf welchen Bahnen wir uns von der Zukunft das Gute erwarten dürfen, haben wir daher zunächst und vor Allem die Frage zu beantworten: Was ist deutsch?

II. Was ist deutsch?

Eine Vorbemerkung! Ich habe Ihnen die erfreuende Nachricht zu geben, daß meine Bemühungen von Erfolg gekrönt worden sind und am 1. Juli im Heidelberger Kunstverein eine größere Ausstellung von Gemälden Böcklins und Thomas eröffnet wird, die während des Monats Juli täglich zugänglich sein soll. Neben zahlreichen bedeutenden Gemälden, Steindrucken und Algraphien werden auch Reproduktionen der Hauptwerke beider Meister, welche eine Übersicht über deren gesamtes Schaffen geben, zu sehen sein, und wir erhalten dadurch eine so wichtige und erwünschte Belehrung, daß meine allgemeinen, auf dem Katheder angestellten Betrachtungen nun gleichsam nur den Charakter deutender und erklärender Bemerkungen erhalten, und ich auf volles Verständniß für diese rechnen kann, da Ihnen allen die Möglichkeit gegeben wird, an den ausgestellten Gemälden nachzuprüfen, was ich hier über deutsche Kunst und über diese beiden Meister zu sagen habe. –

In meinem ersten Vortrage habe ich versucht, die allgemeinen Grundlagen für ästhetische Betrachtung zu gewinnen, nur in großen Zügen, soweit sie den Ausgangspunkt zu einer näheren Prüfung der Erscheinungen der Kunst im XIX. Jahrhundert und dann insbesondere Böcklins und Thomas bilden können und müssen. Die Frage, die uns heute beschäftigen soll, lautet: Was ist deutsch? Wenn ich die Kühnheit habe, im Hinblick auf die bildende Kunst einen Versuch ihrer Beantwortung zu wagen, so erkenne ich die Berechtigung hierzu vornehmlich darin, daß wir uns in allem Folgenden als Deutsche in der freien Anerkennung und Werthschätzung bedeutender Leistungen anderer Völker erweisen wollen. Denn deutsch sein heißt in dieser Hinsicht: ein offenes, suchendes und bewunderndes Auge haben für das, was andere Nationen hervorbringen. Dies ist von jeher etwas Großes bei uns gewesen. Chauvinismus bleibe für uns ein fremdes Wort und ein fremder Begriff. Fern aber bleibe uns auf der anderen Seite jene Schwäche des Deutschen, unter der sein besseres Wesen nur allzusehr und allzuoft gelitten, die blinde Verehrung alles Fremden, bloß weil es ein Fremdes, und die Geringschätzung des eigenen Großen und Bedeutenden. Ich hoffe, es wird sich, wenn wir den Überblick über die Kunst des XIX. Jahrhunderts gewinnen werden, herausstellen, daß wir uns in dieser unserer würdigen Art deutsch verhalten.

Was ist deutsch? Wohl muß es gewagt erscheinen, in einer kurzen Betrachtung eines so schwerwiegenden Problemes die Gedanken hierüber zusammenfassen zu wollen; und doch ist es erforderlich und wird es stündlich erforderlicher, daß wir uns dessen, was unser eigen ist und wodurch wir kulturschaffend geworden sind, bewußt werden, auf daß wir es, wenn wir es erkannt, mit der ganzen Leidenschaftlichkeit, deren gerade die deutsche Seele fähig sein kann, und so, wie es die tiefste Nothwendigkeit erheischt, pflegen mögen. Eine Definition des *Deutschen* ist oft versucht worden, ja, ich mochte sagen, im täglichen Sprechen haben sich gewisse Schlagworte ausgebildet, in denen ein Wesentliches kurz gekennzeichnet wird. Gewiß weisen sie auf etwas Richtiges hin, doch sind sie unbestimmt und daher nicht genügend für unsere Zwecke. So vor allem das auch im Hinblick auf die Kunst gerne angewandte *Gemüth*. Ich gestehe, daß ich eine gewisse Scheu davor habe, dieses Wort so ohne weiteres, als spezifisch charakteristisch für den Deutschen in den Mund zu nehmen; denn ich meine, in dem Augenblicke, da wir dieses thun, treten wir doch anderen Völkern zu nahe, als sei das Gemüth ein in Sonderheit uns verliehenes Privileg, das jenen fehle. Gott bewahre uns vor solcher Behauptung! Das unzweifelhaft Richtige an ihr will sorgfaltiger und genauer bestimmt sein.

Der einzig hierbei zum Ziele führende Weg wäre dieser, daß wir aus eigner innerer Erfahrung und aus den Thatsachen der Geschichte, sowohl der politischen als der geistigen Thätigkeit, einen Schluß auf das Verhältniß, in welchem die verschiedenen geistigen Vermögen im Deutschen zueinander stehen, zogen. Hierbei würde es sich wohl mit Bestimmtheit ergeben, daß beim Deutschen in besonders hohem Grade Gefühl, und, was damit zusammenhängt, Phantasie erregbar sind, daß er in allen Augenblicken, da er vom Zwang der täglichen Daseinsanforderungen, von der Berechnung der Lebensnothwendigkeiten sich frei macht, in das Gebiet der Gefühls- und Phantasieauffassung der Welt getrieben wird. So viel dürfen wir wohl, die Erscheinungen der Geschichte, Kultur und Kunst anderer neuerer Völker vergleichend, von dem Deutschen aussagen. Wie aber ist dieses Gefühlsleben beschaffen? Wie äußert es sich? Wie arbeitet und wirkt die Phantasie im Besonderen? Wie bedingen sich Gefühl und Phantasie?

Hier gilt es zunächst als die hauptsächlichste Aufgabe, sich über die Weltanschauung des Deutschen klar zu werden und zu versuchen, das ihr Eigenthümliche zu erkennen. Und zwar sind es Religion und Philosophie, die in erster Linie ins Auge gefaßt sein wollen, suchen wir Aufschluß über das Wesen eines Volkes. Es zeigt sich, daß Religion und Philosophie in Deutschland ganz das Gleiche verkünden.

Zum ersten Male bekennt der Deutsche in aller Deutlichkeit und Fülle seine Welt- und Gottesanschauung durch den Mund der Mystiker des XIV. Jahrhunderts, durch jene wunderbar tiefen Denker, die dem Geheimniß des Daseins und allem seelischen Erleben so weit nachgegangen sind, wie vor ihnen vielleicht nur die Weisen am Ganges, deren Einsichten uns in den Upanishads erhalten sind. Was diese Mystik zu überzeugendem Ausdruck bringt, betrifft das Verhältniß des Menschen zur Welt und zu Gott in einer philosophischen Begründung und Deutung des tiefgefaßten christlichen Bekenntnisses. Es ist die Bestimmung des Verhältnisses der einzelnen Seele einerseits zu .dem Fühl- und Wahrnehmbaren rings um uns in dieser Welt und in diesem Leben, und andererseits zu dem Unsichtbaren, Geglaubten, Geahnten und Erhofften also des Verhältnisses zum Natürlichen und zum Göttlichen. Das Bedeutungsvolle ist nun eben dies: daß der Deutsche im mystischen Erleben dies Verhältniß zur Natur und zu Gott als ein so ganz innerliches, von dem Reichthum der Gefühle und Vorstellungen so wunderbar durchdrungenes erfaßt, daß dem schwerlich etwas anderes, in gleichem Grade unmittelbar Gewisses in der Geschichte der mittelalterlichen Religion, ja selbst der späteren an die Seite gesetzt werden kann. Das Bekenntniß lautet: Gott in mir! Gott zu ergründen und zu finden nur in den Abgründen eigenen seelischen Erfahrens! Also kein Außensein der Gottheit, sondern ein Innenwirken derselben. Und auf der anderen Seite das Verhältniß zur Natur, bestimmt von dem überschwänglich erhabenen Gefühle der Einheit des eigenen Wesens mit dem Wesen, das hinter allen Erscheinungen der Welt verborgen ist, die Einbeziehung des menschlichen Einzeldaseins in das ganze große Reich der ungezahlten, den Blicken sich darbietenden Erscheinungen. Erscheinungen, denn die Dinge sind nur die

Offenbarungen eben eines Unsichtbaren, eines Innerlichen, eines Wesenhaften. Indem nun diese Erkenntniß des eigenen Wesens, der eigenen Seele in Allem, was uns die Natur vor Augen führt, erreicht wird, siehe! da vollzieht sich die große Gleichung. Ward in gewissen tiefsten Erfahrungen der Seele Gott erfaßt und erkannt, wird zugleich der einzelne Mensch in tiefsten Einklang gesetzt mit Allem, was da lebt und webt, blüht und vergeht in dieser Welt – so erweist sich die Gottheit als das zugleich in uns und in allen Anderen Wirkende. Als das Allverbindende, das in den Erscheinungen sich offenbart, das große Eine, Gemeinsame, Ganze, das, was wir als Abgrund alles Lebens in uns selber erfahren!

Sie sehen, wie eine solche Anschauung alles das in sich schließt, was künstlerisch bedeutungsvoll in dem Schaffen eines Volkes, von dem alles Äußere auf das Innere bezogen wird, sein muß. Und nun kommt es weiter dazu, daß, nachdem die Mystik dieses Ineinanderwirken von Seele, Gott und Natur festgestellt hat, ihre Erkenntniß in der großen Reformationsbewegung des XVI. Jahrhunderts zu einem Bekenntniß wird. Denn, wenn wir uns fragen, was ist denn das Wesentliche dieses Reformationsgedankens und dieser Reformationsthat? so kann die Antwort nicht kürzer und treffender formulirt werden, als wie sie durch Luther selbst formulirt ward, und wie wir sie immer wieder formuliren müssen: es ist die Rechtfertigung durch den Glauben, im Gegensatz zu der Werthschätzung der Werke als Beförderern der Rechtfertigung. Sehen wir genau hin, was das Wort *Glaube* aussagt. Indem wir dessen Bedeutung über das Dogmatische hinaus erweitern, finden wir denselben Kern, den wir in der Mystik gefunden. Denn unter Glauben haben wir eben das innerliche Leben und Erfahren in der Hingebung an das Unwahrnehmbare zu verstehen, das Erreichen, ich möchte sagen das Ergreifen Gottes in solch innerlicher Erfahrung, nur daß an Stelle dieser philosophischen Fassung des Gottinnewerdens die Reformation im Anschluß an die Paulinischen Briefe und im Hinblick auf die große Streitfrage, welche die Kirche bewegte, die dogmatische Fassung eben der *Rechtfertigung* durch den Glauben gesetzt hat.

Die dritte große Äußerung dieses deutschen Selbstbekenntnisses ist die Philosophie Kants. Nun handelt es sich nicht mehr um eine Verquickung mystisch-religiösen Gefühls mit spekulativem Denken, sondern um die Konsequenzen der Selbsterkenntniß der Vernunft. Mit unbegreiflicher Schärfe wird dargethan, was seit den Zeiten der Upanishads so unbedingt nicht mehr ausgesprochen worden war, und zwar nun, dank einem höchst entwickelten kritischen Vermögen, in einer sehr viel stärkeren und bestimmteren Form: die Welt der Erscheinungen ist unsere Vorstellung, also gleichsam unsere Schöpfung. Raum und Zeit sind Formen unserer Anschauung. Ungeheure Kühnheit des sich selbst prüfenden Geistes thut den Schritt, dessen Folgen für alle Zeiten in der Geschichte der Menschen wirksam bleiben werden. Die Beziehung des einzelnen Wesens zu dem Allgemeinen, die früher aus dem Gefühl heraus gestaltet worden war, gewinnt jetzt ihre Bestätigung durch die Logik, denn die Welt der Erscheinungen in Raum und Zeit wird gleichsam zu unserem eigenen Gebilde, sie wird in unserem Geiste. Mit Nothwendigkeit aber ergab sich bei der Feststellung dieses weltüberwindenden Gedankens die Frage: wenn die Erscheinungen unsere Vorstellungen sind, was ist denn das, was nicht Erscheinung ist? Was ist das Wesen der Dinge? Kant nannte es: *das Ding an sich*, das ewig unerkennbar bleibt. Seine Nachfolger schlugen verschiedene Wege zur näheren Ergründung ein, Schopenhauer wie Sie wissen – und das war eine aus kraftvoller deutscher Gefühlsintuition hervorgegangene Bestimmung –, faßt es in dem Willen, als dem allen Erscheinungen innewohnenden gemeinsamen Kern. Hier stehen wir wieder in dem Bereich der Mystiker. In uns selbst haben wir den einzigen Zugang zu dem Wesen der Dinge, indeß die Erscheinungen nur unsere Vorstellungen sind. Indem alles Wahrnehmbare zurückbezogen wurde auf das innere Erleben, ergab sich, nur in neuer Sprache, die große Einswerdung von Seele, Gott und Natur, die von den wie im Traum hellsichtig gewordenen mystischen Geistern erlebt worden war.

Dies also ist es, was wir, mit kurzen Worten angedeutet, als _spezifisch deutsch in der Weltanschauung bezeichnen können. Sie sehen, wie von verschiedensten Denkern und zu verschiedenen Zeiten die ganze Welt auf uns zurück oder, besser gesagt, in uns hinein bezogen wird und Werth und Bedeutung nur hat, was als schaffend und wirkend in uns lebendig empfunden wird. Das heißt aber nichts Anderes, als daß selbst bis in die Philosophie, bis in das schärfste Denken hinein eine Gefühlsauffassung sich wirksam und als berechtigt erwiesen hat, und daß diese niemals zu einer solchen

Bedeutung hatte gelangen können, hatte nicht zu gleicher Zeit die Phantasie ihre kühnste Thätigkeit entwickelt – entwickelt, trotz aller Macht der Logik, bis zu dem Augenblick, da sie die Wirklichkeit nur zu einem erhabensten, ernsten Spiel der Seele mit ihren eigenen Kräften gemacht!

Prüfen wir nun auf solche von Religion und Philosophie empfangene Lehren hin den Ausdruck, welchen diese Weltanschauung in der Kunst gefunden hat und beschränken wir uns hierbei – obgleich alle unsere Betrachtungen auch für die anderen Künste gelten – auf die bildende Kunst, fassen wir jene Zeit schöpferischen Gestaltens ins Auge, in welcher das deutsche Wesen sich ganz besonders stark geäußert hat, nämlich das Mittelalter und die Renaissance des XVI. Jahrhunderts, jene ideengewaltige Periode, die von der Schöpfung des romanischen Kirchenbaues bis zu Albrecht Dürers Weltschilderung führte, so können wir wohl mit annähernder Bestimmtheit die charakteristischen Züge des bildenden deutschen Genius feststellen. Es sind, vergleicht man die gleichzeitige italienische Kunst und ruft sich hierbei auch die Antike ins Gedächtniß, folgende vier Erscheinungen, die als bezeichnend für das Deutsche namhaft gemacht werden können.

Erstens *der starke Gefühlsausdruck*, der von den Künstlern ihren Schöpfungen verliehen wird. Was immer sie darzustellen haben, wird von innen heraus beseelt und belebt. Es ist der Gefühlsgehalt, um den es ihnen bei der Anschauung der Dinge und bei dem Blick in ihr eigenes Innere wesentlich zu thun ist. Die Erscheinung ist ihnen Wesensoffenbahrung.

Das Zweite ist *der Universalismus*. Für Gefühl und Phantasie des Deutschen ist Alles in dieser Welt, das Kleine wie das Große, von Wichtigkeit, Alles dünkt ihm der Wiedergabe und der Verherrlichung werth. Die weise Beschränkung, welche die Antike, welche die italienische Renaissance bei der Wahl der Stoffe und bei deren Behandlung sich auferlegte, kennt er nicht. In der religiösen Kunst des Südens ist es schließlich immer der Mensch, welcher, zum Typischen, Vollkommenen und damit zum Göttlichen gesteigert, dargestellt wird, und zwar mit einer gewissen Ausschließlichkeit, denn das Landschaftliche und die Nebendinge erscheinen untergeordnet. Gewiß gewinnt das Landschaftliche auch in der italienischen Renaissance eine beachtenswerthe Entwicklung, ja gelangt in der venezianischen Malerei zu hoher Bedeutung, aber die Fülle und die liebevoll detaillirende Naturschilderung bei den Deutschen ist etwas ganz Anderes. In ganz anderer Weise erobert sich schon in jener religiösen Kunst die Landschaft und das Beiwesen seine Stellung neben dem Menschlichen, wovon später noch ausführlicher die Rede sein wird. Weiter zeigt sich die Beschränkung in der südlichen Kunst auch darin, daß man die Darstellung auf möglichst wenige Erscheinungen zurückführt. Man läßt alles Überflüssige beiseite, konzentrirt sich auf Hauptmomente. Der Deutsche geht einen verschiedenen Weg. Indem er, Einzelheiten berücksichtigend und schätzend, das Natürliche hoher werthet, giebt er zu gleicher Zeit auch das Menschliche in möglichst großer Mannigfaltigkeit und in möglichst zahlreichen Variationen. Unschwer erkennt man, wie solcher Universalismus, in gleicher Weise wie der Gefühlsausdruck, in jenem deutschen Verhältniß des Einzelnen zur Natur begründet ist, über welches uns Religion und Philosophie Aufschluß gaben.

Nun kommt ein Drittes, gleichfalls so zu Erklärendes, hinzu, nämlich die unvergleichliche *Naturtreue*, durch welche sich die deutsche Kunst jener Zeit auszeichnet, eine bis ins Einzelnste gehende gewissenhafte Beobachtung und Nachbildung der Natur! Wie könnte es anders sein? Wohnt doch jeglichem Dinge eine tiefe Bedeutung inne, ist doch nichts in der Natur nebensächlich, ist doch jegliches Wahrnehmbare nur ein Ausdruck des immer gesuchten Wesens der Dinge und daher von nie zu erschöpfendem Gehalte! Und was Anderes ist diese Versenkung des Betrachtenden als die Äußerung jenes unergründlichen Gefühlswaltens, welches Gott zugleich in der Seele und in der Natur findet, als das große göttliche Liebesverlangen in uns. Alles, was da erscheint, ist mir nicht fremd, es ist mein Eigenes, und es ist das Beste in mir selbst, dessen ich mir bewußt werde, wenn ich mich liebend in diese Erscheinungen hinein verliere. Dieses wunderkräftige leidenschaftliche Werben der deutschen Seele und der deutschen Schauenskraft um das Geheimniß des Weltenwesens ist eines der herrlichsten Schauspiele, das jemals auf dem Gebiete der Kunst erlebt worden ist. Wem, der selbst die Kraft solcher Versenkung besitzt, ist nicht die Betrachtung irgend einer kleinen Miniatur, irgend einer unscheinbaren Zeichnung, irgend eines Hintergrundes auf einem Gemälde zu einem

Ereigniß geworden, wer ist bei ihr nicht von einer inneren Rührung übermannt worden! So schlicht, so anspruchslos, so gründlich – und doch so mächtig? Es ist nicht schwer zu sagen, warum! In solcher Naturnachbildung vollzieht sich eine Selbstbefreiung, Selbstentäußerung, welche uns mit Entzücken die erhebenden Herrschermöglichkeiten unserer Seele entdecken läßt. Aber nur, weil diese Naturtreue ihren ganz eigenen Charakter hat, well sie bei aller peinlichen Genauigkeit nicht ein rein wissenschaftliches Fixiren der äußren Erscheinungen ist, sondern – ich brauche darüber kaum noch zu sprechen und muß es doch immer wieder betonen – weil in der Erscheinung das Wesen, die große Einheit zwischen Seele, Gott und Natur miterfaßt wird. Nur diesem Zwecke dient im tiefsten Sinne die naive, durch keine Reflektion voreingenommene, gefühldurchdrungene liebevolle Wiedergabe der Natur.

Und endlich das Vierte: *die große Erfindungskraft der Phantasie,* ihr lebhaftes Spiel mit eben denselben Erscheinungen, die von dem deutschen Künstlerauge nicht treu, nicht genau genug nachgeahmt werden konnten. Ich halte inne – ist das nicht ein Widerspruch? Es scheint, aber es scheint auch nur so. Gefühl und Phantasie sind zwei Mächte, die beständig durch- und miteinander wirken. Wenn der deutsche Künstler durch sein tiefes Liebesverlangen und durch die Kraft dieser Liebe zu jener geschilderten Herrschaft über die Natur gelangt, so ist es, ich möchte sagen, das reine Gewissen, welches, solchem trautem Gefühlsverhältniß verdankt, nun der Phantasie erlaubt, mit diesem wundervollen Besitz frei zu schalten und zu walten. Die Beweglichkeit seiner Einbildungskraft, die, als eine ursprüngliche Anlage, nicht weiter zu erklären ist, vermag durch alle Kenntniß der Natur nicht gehemmt zu werden. Vielmehr wird durch das liebende Beziehen der Natur auf die Seele die schöpferische Kraft in dem Künstler selbst entfesselt. Machtvoll erfreut sich die Phantasie ihres Rechtes und ihrer Freiheit, im Sinne hoher, leidenschaftlicher oder auch launig heiterer Stimmung zu gestalten.

In welcher Weise? Einmal wirkt, so darf man behaupten, im deutschen Volk bis in jene Zeit immer noch mächtig nach, was sich in seiner vorchristlichen Periode nicht hat ausleben können, weil es nicht zu künstlerischer Formung gelangte. Die Entwicklung ursprünglicher, mythisch gestaltender Vorstellungen von der Welt – wir werden später darauf zurückkommen – war zu keinem Abschlusse gelangt. Das Christenthum trat ein und unterband die Wirksamkeit dieser Vorstellungen, die nun ein verborgenes Leben in der Phantasie des Volkes fortführten, ein verborgenes, aber starkes, das sich bis zu dem Furchtbarsten, Bizarrsten, Erschreckendsten steigert, wann immer eine gewaltsame tiefe Bewegung, wann überwältigende Eindrücke von der Natur oder von eigenen seelischen Erfahrungen sich des Deutschen bemächtigen. Da wird der Geist zu den ungeheuren Visionen entflammt, die uns Allen ja so wohl bekannt sind, zu den Stürmen des Jüngsten Gerichtes, des Totentanzes, der apokalyptischen Ereignisse, welche die Welt der einfach natürlichen Vorgänge durch die Macht einer anderen übermäßigen vernichten – verstanden von dem ganzen Volke, weil in jeder einzelnen Seele wie in der des Künstlers die gleichen Erregungen der Phantasie möglich und nothwendig sind. – Und neben dieser gewaltigen, alle Elemente entfesselnden Bethätigung der Einbildungskraft, sie durchdringend, das andere freudige Spiel der Phantasie: der herrliche, der göttliche Humor, auf den sich im Besonderen bezieht, was ich früher von dem reinen Gewissen sagte. Weiß sich der Deutsche dem Wesen nach im tiefsten Einklang mit der Natur, so giebt ihm eben dies Bewußtsein in den Augenblicken, da sich sein Geist von dem Erhabenen herab zur Wirklichkeit wendet, da er sich befreit fühlt von den Lasten und Leiden tragischer Erkenntniß, die Möglichkeit und Aufforderung zu leichtem, überlegenem Spiel mit den Absonderlichkeiten und Widersprüchen des Lebens, die er nun in buntem, tollem Tanz verschlungen an sich vorüberziehen läßt. Kein Widerspruch also zwischen der Naturtreue und der frei schaffenden Erfindungskraft, auch keine Anomalie darin, daß Phantasie und Wirklichkeitswiedergabe sich häufig durchdringen und verbinden – beide Erscheinungen wurzeln in einem gemeinsamen tiefen Grunde, nämlich in der Gefühlsauffassung der Natur!

In diesen vier Hauptmomenten also ließe sich der künstlerische Ausdruck jener früher geschilderten Weltanschauung des Deutschen zusammenfassen: starker Gefühlsausdruck, Universalismus des Schauens, größte Naturtreue oder sagen wir besser Naturliebe und reichste Erfindungskraft.

Bleiben wir noch einen Augenblick bei der Betrachtung jener großen Periode deutscher Kunst! Aus unseren Erwägungen ergiebt sich die vollständige Erklärung ihrer formal stilistischen Eigenthümlichkeiten. Unwillkürlich, wenn wir die deutschen Skulpturen und Gemälde mit den gleichzeitigen italienischen vergleichen, äußert sich unser ästhetisches Gefühl zu Gunsten der letzteren. In ihnen gewahren wir die große, einfache Gesetzmäßigkeit der Form, die große, einfache Harmonie der Farben, die deutliche Bestimmtheit, kurz alles das, was wir als Schönheit und als Stil bezeichnen. In Deutschland, in diesen mit starkbewegten, individualisirten Figuren und sonstigen Einzelheiten überfüllten buntfarbigen Bildern und Schnitzwerken des XV. und XVI. Jahrhunderts scheint ein Wirrsal zu herrschen, und immer wieder drängt sich dem Betrachtenden die Frage auf: ja, warum sind denn Christus, Maria, dieser Apostel, jener Heilige – denn es handelt sich in jenen Zeiten um religiöse Kunst –, warum sind sie denn nicht schön dargestellt, das heißt von gesetzmäßig harmonischer, typischer Erscheinung? Nun, dies erklärt sich eben aus den angegebenen Eigenthümlichkeiten deutschen Wesens. In einem solchen Grade der Form allerhöchste Bedeutung zuzuerkennen, wie die Antike, wie der Italiener, hat sich der Deutsche nicht entscheiden können. Wenn er ein Kunstwerk schafft, so will er vor Allem stark auf das Gefühl und die Phantasie der Anderen wirken, wie in ihm selbst das Werk ja aus starker Bethätigung beider Mächte hervorgegangen ist. Indem er Alles mittheilen möchte, was an Gefühlsgehalt in dem religiösen Stoffe liegt, sieht er sich auch von dieser Seite gedrängt, um möglichst ausdrucksvoll zu sein, möglichst naturtreu zu sein. Wie, meint er, kann ich für die entsetzlichen Ereignisse der Passion das Mitleid, wie für die heilig zarten Muttergefühle Marias die innige Theilnahme Anderer erwecken, wenn ich sie nicht mit der größten Intensität des Ausdrucks, mit ganz überzeugender Wahrhaftigkeit schildere? Seelensprache in starken Bewegungen, scharfe Individualisirung erscheinen unabweislich nothwendig.

Und hiermit hängt ein Anderes zusammen. Es ist charakteristisch, daß die italienische Kunst in ihrem Streben nach Schönheit und Gesetzmäßigkeit im Verlaufe des XV. Jahrhunderts fast gänzlich alle jene Stoffe zu behandeln aufgegeben hat, welche eine stark leidenschaftliche Seelenäußerung bedingen. Ähnlich wie die antike Kunst beschrankte sie sich wesentlich darauf, in großen, typischen, dauernden Erscheinungen das menschlich Göttliche zu verdeutlichen. Nicht in erster Linie die Passion Christi, also nicht der Kern christlichen Glaubens, nicht das Menschliche, zu dem das Göttliche sich herabließ, sondern der Sieg des Göttlichen über das Menschliche, sein leidenlos Ewiges bildet den Vorwurf ihres Schaffens. Und so, durch ein solches Abfinden mit dem christlichen Stoffe, entstanden die erhabenen Schönheitstypen des Erlösers, der Madonna, der Heiligen. So entsteht etwas der griechischen mythologischen Kunst Analoges. Der Deutsche drängt auf das Wesentliche des Christenthums und wird dadurch an der Erreichung eines Schönheitsideales verhindert. Er sucht, in evangelischem Geiste, das Göttliche nicht in der äußeren Herrlichkeit, sondern in der inneren – so kommt es, daß sein Ausdrucksbedürfniß die stilistische Schönheitsgestaltung beeinträchtigt. Es wäre ganz falsch – ich kann diese wichtigen Probleme leider nur flüchtig berühren –, seine Kunst, wie vielfach geschieht, eine realistische zu nennen. Eine realistische Kunst das ist überhaupt ein unrichtiger Ausdruck. Das hieße so viel als eine mit dem Verstande gemachte Kunst. Eine realistische Kunst ist keine Kunst. Die deutsche ist idealistisch, so gut als die italienische, ja verräth vielleicht eine noch höhere idealistische Kraft wie diese, wenn man die Gewalt ihres Ringens um Wahrhaftigkeit seelischen Ausdrucks beachtet. Aber so groß, ja überwältigend ihre Genialität, an Vollkommenheit des Stiles läßt sie sich mit der italienischen nicht vergleichen; die Erscheinungen der Überfülle, der zu starken Individualisirung, des allzu Leidenschaftlichen und Unruhigen der Bewegungen und endlich der phantastischen Elemente vereiteln die Gestaltung eines ruhigen, geschlossenen einfachen Eindruckes.

Heiß das nun aber so viel, als daß dem Deutschen vollkommenen Stil in der bildenden Kunst zu erreichen versagt wäre? Keineswegs. Unsere Kenntniß seiner Weltanschauung giebt uns den Schlüssel zur Lösung des Problems. In jener Periode handelte es sich um religiöse Kunst, welche den Mensch vergöttlicht ganz in den Vordergrund treten läßt. Für den Germanen aber, und speziell den Deutschen, dessen Ausdrucksbedürfniß und Universalismus, wir sahen es, das Menschliche in die gesamte Natur einbezog, und der das Göttliche in dieser Einheit fand, konnte der Mensch nicht der ausschließliche Gegenstand der Darstellung sein. Sein ideales Streben richtete sich auf die Veranschaulichung eines Naturganzen; in ihr suchte er die stimmungsvolle Schönheitswirkung. Dies offenbart sich schon im Mittelalter. Schon damals schlägt die deutsche Malerei die Richtung ein nach diesem weiter ausgespannten Bereich künstlerischer Anschauung, in dem sich das Verlangen nach Mittheilung innerer Stimmungsvorgänge ganz genügen konnte, ohne in einen Widerspruch zu den Schönheitsanforderungen religiöser Menschendarstellung zu gelangen. Mehr und mehr wird im Verlaufe des XV. und XVI. Jahrhunderts bis hin zu den Schöpfungen Dürers und Grünewalds das menschliche Wesen in die gesamte große Natur einbezogen, verliert es seine absolute Bedeutung. So wenig die plastisch bestimmte Formengestaltung in der Zeichnung außer Acht gelassen wird – wir wissen, in wie hohem Grade Dürer die Vorzüge der italienischen Malerei erkannte und sich durch theoretische Studien deren Gesetzmäßigkeit zu eigen zu machen suchte! –, so werden doch höhere Einheitsfaktoren, welche die Vielheit der Erscheinungen von Menschlichem und Landschaftlichem binden, Beides in innigen Zusammenhang setzen, zur Geltung gebracht: große Farbenzusammenklänge, vor Allem aber die das Gefühl unmittelbar stark bestimmenden Lichterscheinungen. Und damit findet die germanische Kunst den sicheren Weg zu ihrem großen eigenthümlichen Stil – einen Weg, der freilich dann nicht von den Deutschen, deren bildende Thätigkeit durch den dreißigjährigen Krieg gelähmt, ja vernichtet ward, sondern von den Niederländern in ihrer besonderen Weise verfolgt werden sollte bis zu den Wunderregionen der Rembrandtschen Kunst.

Und dieser Stil, der gleichberechtigt neben den italienischen treten konnte, welcher alle Möglichkeiten der Malerei erschöpfte, indem er der im Süden verherrlichten Schönheit des Menschen die Schönheit eines die Seele widerspiegelnden Naturganzen hinzufügte – aus welch anderen Bedingungen konnte er hervorgegangen sein als aus der Entdeckung der göttlichen Gemeinsamkeit zwischen Menschlichem und Natürlichem? Als der voll entsprechende künstlerische Ausdruck für das, was uns Religion und Philosophie über das deutsche Wesen sagten, für das, was uns zur Antwort ward auf die Frage: Was ist deutsch?

Fassen wir es kurz zusammen! Das künstlerische Bekenntniß des Deutschen lautet: *alle Erscheinung ist Wesensoffenbarung, alle Form hat Sinn und Werth nur als Wesensausdruck, und nur in der Verdeutlichung der allumfassenden Einheit von Mensch und Natur findet das Bedürfniß der Seele, ihr inneres Leben äußerlich zu schauen, sein volles Genüge.* Hiermit haben wir nun sicheren Boden gewonnen für die Betrachtungen, mit denen wir uns in den nächsten Vorlesungen beschäftigen werden. Sie gelten der Malerei im XIX. Jahrhundert, und zwar im Besonderen der Erkenntniß dessen, was in ihr deutsch, das heißt groß und ächt ist, und was wir in ihr als ein uns Fremdes, Widersprechendes und daher Abzuweisendes aufzufassen haben.

III. Der Schwächezustand der bildenden Kunst im XIX. Jahrhundert.

Nachdem wir in den vorhergehenden Vorlesungen uns über allgemeine ästhetische Thatsachen zu verständigen und die Frage: *was ist deutsch?* zu beantworten versucht, wenden wir uns heute der Kunst des XIX. Jahrhunderts zu. Schon früher habe ich auf die Bedenken hingewiesen, die sich jeder abschließenden Auffassung und Beurtheilung der Kunst einer Zeit, der man selbst noch angehört, entgegenstellen, und doch müssen wir danach streben, uns eine gewisse Klarheit zu verschaffen. Vielleicht ist es mit Hülfe der gewonnenen Anhaltspunkte nicht unmöglich. Bezüglich der Richtungen und Meister in der ersten Hälfte des Jahrhunderts – und es bewährt sich hier, daß eben eine gewisse Entfernung für eine objektive Feststellung des Wesentlichen nöthig ist – haben sich wohl übereinstimmende Meinungen schon gebildet, nicht so aber über die späteren und die neuesten, die wir als gegenwärtige vor Augen haben und mit denen wir selbst in so nahen Beziehungen stehen. Unsere Aufgabe verlangt zunächst eine allgemeine Betrachtung, welche von ähnlicher Wichtigkeit wie die früheren, für die Auffassung und Schätzung der einzelnen Erscheinungen unbedingt erforderlich ist, denn nur sie giebt den Maaßstab an die Hand.

Welche Stellung darf die bildende Kunst des XIX. Jahrhunderts in der Kunst- und Kulturgeschichte beanspruchen? Hat sie eine Bedeutung, spielt sie eine Rolle in dieser, wie die Kunst großer vergangener Perioden? Dürfen wir sagen, daß sie an Bestimmtheit und Hohe der Ideale sich mit der Kunst, sagen wir der Hellenen oder des Mittelalters oder der Renaissance oder der niederländischen sich vergleichen läßt? Jeder, von Vorurtheilen der Gegenwart freie, historisch und künstlerisch Gebildete wird mit einem Nein antworten müssen. Wollte er aber die Gründe angeben, weßwegen es dieser neuesten Kunst nicht vergönnt war, zu gleich großen stilistischen Schöpfungen zu gelangen, wie jene älteren Perioden sie gezeitigt, so würde er sich in eine schwierige Lage versetzt sehen. Denn es hieße dies ja nichts Anderes, als das Entstehen und Vergehen großer Kunstbewegungen überhaupt zu erklären.

Wollen wir jene Meinung begründen, so müssen wir zunächst die charakteristischen Merkmale großer Kunstperioden bestimmen. Vielleicht niemals wird in allen Einzelheiten nachzuweisen sein, wie es denn kommt, daß bei einem Volke unter gewissen Bedingungen die eine oder die andere Kunst zu einer idealen Hauptaufgabe, darin sich gleichsam alle die edelsten Kräfte eines solchen Volkes üben und verzehren, wird. Wir sehen den Auf- und Niedergang einzelner großen künstlerischen Bewegungen, wir können Zusammenhänge mit Thatsachen der Geschichte, der Religion, der Kultur und des Geisteslebens, ja selbst gewisse Gesetzmäßigkeiten feststellen, aber daraus allgemein gültige Regeln zu ziehen, ist nicht möglich. Wir müssen uns bescheiden, wollen wir nicht ins Dogmatische verfallen, eben die Thatsachen in helles Licht zu rücken und deren Vergleiche Aufschlüsse zu entnehmen.

Die erste und am meisten auffallende ist diese, daß in bestimmten Epochen bei bestimmten Völkern entweder die bildende Kunst oder die Dichtkunst oder die Musik vorwiegend – denn um Ausschließliches handelt es sich natürlich nicht – zum nothwendigen Ausdruck inneren Erlebens wird. Zweierlei Faktoren müssen hierfür als entscheidend betrachtet werden: die ausgesprochene *Begabung eines Volkes* für die eine oder die andere Kunst, und die *Art der Ideen*, von denen es beherrscht wird. Nur sehr selten, im höchsten Sinn vielleicht nur ein einziges Mal sehen wir bei einem und demselben Volke zu gleicher Zeit alle Künste sich bedeutsam entwickeln und zu hohen, zum Theil höchsten Idealen gelangen: bei den Hellenen. In der germanisch-christlichen Kultur sind, allgemein betrachtet, zeitliche Wandlungen festzustellen, nämlich Epochen, wie das Mittelalter und die Renaissance, in denen die bildende Kunst, zu vollkommensten Leistungen sich erhebend, als dominirende Macht auftritt, andere, wie die der neueren Zeit, in welcher die Dichtkunst und die Musik die Vorherrschaft erlangen.

Eine zweite Tatsache ist die, daß jede große Kunstbewegung, die zu vollkommener Gestaltung gewisser Ideen gelangt, eine zusammenhangende *Entwicklung* bezeichnet. Jahrhunderte lang arbeitet ein ganzes Volk an der Ausprägung eines Ideales; ist aber dieses verwirklicht, so tritt eine Erschlaffung der künstlerischen Kraft und ein Verfall der Formensprache und der Technik ein. Lang andauernd wie der Aufstieg ist zumeist auch der Abstieg. Diese Erscheinung hat ihre Analogie auf allen Gebieten des Lebens und Schaffens. Alle Geschichte der Menschheit vollzieht sich in einzelnen zunehmenden und abnehmenden Bewegungen mit einer Gesetzmäßigkeit, welche von der Naturwissenschaft in ihrer Evolutionslehre genauer präzisirt zu werden vermag, im Bereich des geistigen Werdens aber, wie gesagt, ohne sichere Einzelbestimmungen nur als analog erkannt werden kann.

Als eine dritte Thatsache ist Folgendes zu verzeichnen: überall, wo eine große Kunst entsteht, darf man von einer *Volkskunst* sprechen. Dies Wort freilich in einem anderen Sinne genommen, als es in unseren Tagen angewandt wird, da man unter Volkskunst eine Kunst versteht, die für das Volk – Volk also hier als Inbegriff der unteren Schichten der Gesellschaft betrachtet – gemacht wird. Diese moderne Volkskunst entspringt einem höchst seltsamen Wahne, in dem wir uns befinden, so gutgemeint das Bestreben auch sein mag, dem er dient. Alle ächte Kunst wurzelt im letzten Grunde in den allgemeinsamen seelischen und geistigen Bedürfnissen eines gesamten Volkes. Sie steigt ursprünglich aus den Tiefen empor und nicht von den Höhen in die Tiefen hinab. Von oben aus eine Kunst machen zu wollen, die dem Bedürfniß der unteren Schichten entspricht, ist schon aus dem einen Grunde unmöglich, daß die höheren gebildeten Klassen gar keine Ahnung davon haben, was denn das sogenannte Volk eigentlich verlangt. Ja, man konnte so weit gehen zu sagen: der Mangel an einer großen Kunst verräth den Mangel eines Volksbedürfnisses nach einer solchen. Für die unteren Schichten wäre im Sinne solcher human gedachten Bestrebungen nur das Allergrößte und Allerbeste gut genug und wird ihm das geboten? Werden ihm vielmehr nicht häufig Dinge von sehr zweifelhafter künstlerischer Bedeutung, werden ihm nicht Luxusgewohnheiten zugeführt, deren Wirkung, statt bildend und erhebend, nur pervertirend sein kann? Nimmt man etwa bei der Illustration der Tagesblätter, die als das weitverbreiteste Anschauungsmaterial überall den Arbeitern in die Hände kommen, auf deren Bildung Rücksicht? Sind diese nicht in entsetzlicher Weise verderblich, indem sie das Gift verkommener oberer Schichten in die unteren tragen? Doch davon rede ich noch später. Die Dinge sind auf den Kopf gestellt. Statt daß wir uns von den schlichten Klassen Gesundheit holen – ach! leider haben wir es verschuldet, daß sie auch dort nur wenig noch zu finden ist –, sind wir in unserer Verblendung bemüht, sie mit unseren ästhetischen Krankheiten anzustecken im Theater, in der Literatur, in der bildenden Kunst, uns den einzig nahrhaften Born zu trüben und zu verstopfen, aus dem wir Kraft schöpfen könnten.

Dies nur als Parenthese! Nicht eine Volkskunst im modernen Sinne meine ich, wenn ich die schöpferische Thätigkeit großer Kunstperioden Volkskunst nenne. Ist diese zweifellos der Ausdruck eines allgemeinen Bedürfnisses, worin eben ihre Nothwendigkeit, ihr Stil beruht, dann müssen wir *Volk* in einem weiteren Sinne nehmen. Da umfaßt Volk Hoch und Niedrig, und es erklärt sich daher sehr wohl, daß nur solche Vorstellungen, die Hoch und Niedrig gemeinsam sind, als nothwendige und nothwendig nach Ausdruck und Gestaltung ringende Vorstellungen eines ganzen Volkes bezeichnet werden können.

Es erklärt sich aber weiter hieraus auch die vierte Thatsache, daß immer und immer wieder die Kunst aus der Religion hervorgeht, daß überall da, wo eine große Kunst sich entwickelt, ihr tiefer, geheimnißvoller Grund das *religiöse Bedürfniß* ist, denn nur ein religiöses, inneres Erleben, das zum Schauen drangt, stellt jene ideelle Gemeinsamkeit her, die alle die verschiedenen Stände eines Volkes umschließt. Da schwinden alle Unterschiede, wie sie denn auch in der Kirche, welche die äußere Gestaltung der ideellen Einheit ist, aufgehoben werden. Religiöse Vorstellungen also, als die stärksten volksgemeinsamen, sind es, die vor allen anderen Gestalt und Gehalt einer großen Kunst werden. Freilich giebt es Religionen, die nicht nach der Seite der Kunst geführt haben, wenigstens nicht dem Schauensbedürfniß ideal gestaltbare Vorstellungen zuwiesen – es sind solche, in denen das Gedankenhafte, das philosophische Erkennen die Anschauung erstickte, wie etwa die Brahmanenlehre der Inder, aus welcher wohl eine tiefste Weltauffassung, aber nicht eine hohe künstlerische Formgestaltung hervorgehen konnte. Die meisten Religionen aber, wenn auch in verschiedenem Grade, sind derart, daß sie Vorstellungen in der Phantasie eines Volkes erwecken, welche nicht nur nach künstlerischen Formen verlangen, sondern diese auch in idealer Weise bestimmen.

Als ein Fünftes gilt es endlich die *Art der Entwicklung* künstlerischer Anschauung und Gestaltung, wie sie uns von der Geschichte gelehrt wird, zu beachten. Aus der Überfülle und Lebendigkeit der Phantasiethätigkeit, aus dem Verlangen, undeutliche Vorstellungen zu überzeugender Deutlichkeit zu bringen, entsteht das Bedürfniß künstlerischen Ausdruckes, entsteht die Kunst als eine Nothwendigkeit. Das geglaubte Unsichtbare, Erhabene, Geheimnißvolle, welches das Seelenleben bewegt, will als Wirkliches erschaut sein. *Die Kunst ist nur ein Sichvergewissern der Wahrheit.* Und immer ist es solch starkes Sehnen, solches Hervordrängen übermächtig die Einbildungskraft antreibender innerer Bilder, von dem eine große gemeinsame Kunst, eine Volkskunst ihren ursprünglichen Ausgang nimmt. Und dann werden die Vorstellungen durch lang anwachsende, mühsame Arbeit auf Grund des zunehmenden Naturstudiums ausgestaltet. Die Religion selbst brachte eine Beschränkung des Phantasiewaltens auf ganz bestimmte Aufgaben mit sich, die Kunst in ihrer Entwicklung sieht sich zu immer weitergehender Beschränkung, zur Verdichtung der Stoffe genöthigt, indem zugleich ein stärkeres Unterscheidungsvermögen allen Einzelheiten der Erscheinungen gerecht wird. Und so bilden sich die Anschauungen und Formen, welche jenen Vorstellungen zunehmende Verdeutlichung gewahren, aus, bis die vollkommene Deutlichkeit, der ausgeprägte Stil erreicht ist.

Mit der Entwicklung der Anschauung hangt die Entwicklung des künstlerischen *Handwerks* eng zusammen. Da es sich hier um ein gemeinsames Schaffen handelt, da das ganze Volk in einem gewissen Sinne mit an ihm betheiligt ist, da die Kunst zuerst von Handwerkern ausgeübt wird, da jeder Künstler eine strenge von einfachsten Anfängen ausgehende handwerkliche Erziehung genießt, bilden sich technische Traditionen aus, die sich von einer Generation auf die andere vererben, durch geniale erfinderische Köpfe bereichert und umgestaltet werden und zu immer höherer Vollkommenheit, die den höheren künstlerischen Anforderungen entspricht, gelangen. Diese Tradition des Technischen ist von unermeßlicher Bedeutung, denn die Technik, als künstlerisches Ausdrucksmittel, ist eine Dienerin, ohne welche die Herrin Intuition hülflos ist.

Neben der Gemeinsamkeit der Ideale und der Überlieferung hochentwickelter Technik ist endlich auch das *Verhältniß*, in dem der schaffende Künstler *zur Allgemeinheit* steht, in hohem Grade bezeichnend für eine große Kunstepoche. Es ist ein ganz bestimmtes, umschränktes. Indem nämlich der Künstler als geschulter Handwerker aus den niederen Standen hervorgeht, in dem kraftvollen Boden schlichter Arbeitsgewohnheit wurzelt, in Beziehung zu all dem, was wir als ursprüngliche Arbeit des Volkes verehren, steht, seine Aufträge aber von den höheren, reicher bemittelten Standen erhalt, wird er gleichsam zu einem Bindeglied zwischen den ungebildeten und gebildeten Klassen, zum Verdeutlicher der ideellen Gemeinsamkeit des Volkes. Seine Schöpfungen sprechen zu den Armen und zu den Reichen an Geist, sie sind volksthümlich. Nach unten und nach oben hat er festen Halt, ein nothwendiges Glied der gesellschaftlichen Ordnung. Durch seine technische Sicherheit und durch seine unmittelbare Beziehung zum Auftraggeber erscheint er äußerlich und innerlich vor den Gefahren launischer Willkür gesichert. In solchen einfachen Verhältnissen findet eine gesunde künstlerische Thätigkeit ihren Nährboden.

Von dem weiteren Verfolg in Kürze nur dieses! Im religiösen Glauben wurzelnde Ideen gewannen, wie wir sahen, eine Gestaltung, die bei wachsender Beobachtung der Natur und Ausbildung der Technik zu immer höherer Formulirung der Gesetzmäßigkeit sich erhob, bis sie den ihnen vollkommen entsprechenden Ausdruck in künstlerischen Gebilden erlangen, die den Höhepunkt der Entwicklung bezeichnen. Ist dieser erreicht, hat der künstlerische Drang das Ideal verwirklicht, mit diesem Augenblicke tritt eine Abschwächung der künstlerischen Kraft ein. Wohl aber ist nun eine mühsam erworbene Technik da, welche spielend zu verwerthen ist, eine Kenntniß der Natur, welche mit Leichtigkeit zu gestalten gestattet, und ein Schatz von Formen und Motiven, der ausgenutzt werden kann. Auf lange wirken diese Errungenschaften nach. Schon früher hat sich der Übergang von der religiösen zur weltlichen Bildung in der Gesellschaft vollzogen, hat individualistisches Streben die Bande der inneren Gemeinsamkeit gelockert. Eine vornehme und reiche Kaste, welche die Bildung pflegt, ja sie fast ausschließlich für sich in Anspruch nimmt und ihr Sonderleben führt, protegirt die Kunst; fürstliche Wünsche, ältere Gewohnheiten bis zum üppigen Luxus steigernd, machen sich die Künstler dienstbar. Das Verhältniß zwischen den drei Faktoren: Handwerkerthum,

Künstler und Auftraggeber ändert sich. Der Künstler löst sich vom Handwerk und erhebt sich in die Sphären anspruchsvoller Unabhängigkeit. Akademische Lehranstalten treten an die Stelle der Werkstatt. Der profane Stoff, der neben dem religiösen schon früher eine Rolle, aber eine untergeordnete, spielte, drängt sich im Palast und im Privathaus in den Vordergrund – er bringt neue Probleme und Möglichkeiten, die unter glücklichen Bedingungen ein herrliches Nachspiel der hohen religiösen Kunst zeitigen können. Noch bieten sich große Aufgaben, und, berauscht durch alle Reize, welche die leicht schaffenden Künstler dem Leben gewähren, ehrt, ja verwöhnt man diese. Kunst gehört zu der Ausschmückung des täglichen privaten und höfischen Lebens, die Kirche bedarf ihrer pomphaft wirkungsvollen Dienste, und Gemeinsamkeiten, sei es staatlicher, sei es kommunaler, sei es genossenschaftlicher Art, lassen ihre Aufträge ergehen. Aber an Stelle der strengen Größe, Innerlichkeit und Naivität tritt Pathos und Dekorationssinn. Nur da, wo noch starker Bürgergeist sich bewahrt, wo neue und besondere Bedingungen, wo ungebrochene Lebensfülle und -freudigkeit walten, vermag die profane Kunst zu einer mit der älteren religiösen wetteifernden Blüthe sich zu entwickeln. Bis es endlich zu Ende geht, bis ein letztes Versanden der großen Strömung eintritt. Zum reinen Luxusprodukt herabgesunken, aller inneren Nothwendigkeit baar, ein tändelndes Spiel verliert die entartende Kunst die letzte Fähigkeit zu Stilbildungen, verliert sie die technischen Fähigkeiten. Die schöpferische Kraft, die Jahrhunderte lang sich bewährt, hat sich vollständig erschöpft.

Die Analogie zwischen der griechisch-römischen und der christlich germanischen Kunst gestatten es, Auf- und Niedergang einer vollen Kunstentwicklung in solchen Zügen kurz zu zeichnen.

*

Wenden wir uns nun mit so gewonnenen Auffassungen vom Werden und Wesen großer Kunst derjenigen des XIX. Jahrhunderts zu, so haben wir zunächst festzustellen, daß diese auf die Periode einer vollständigen Erschöpfung, wie sie im XVIII. Jahrhundert eintritt, folgt, und daß sie sich nicht aus dieser letzten Phase der Schaffensepoche entwickelt, wenn auch einzelne Erscheinungen derselben noch ein kümmerliches Dasein, weiter fristen. Also es ist ein neues Ansetzen künstlerischer Thätigkeit. Das Urtheil über deren Charakter und Bedeutung hängt sogleich von der Beantwortung der ersten Frage ab: ist diese Thätigkeit in hohen gemeinsamen, fruchtbaren Ideen begründet, entspricht sie einem inneren Volksbedürfniß, entsteht eine Volkskunst, wie wir sie als maßgebend für den Charakter einer starken Kunstentwicklung erkannt haben? Die Antwort kann nicht zweifelhaft sein. Sie lautet: Nein. Die erste Erscheinung ist nicht etwas Neues, Originelles, sondern der Klassizismus. Aber nicht allein diese Hauptthatsache, sondern alle anderen widersprechen dem, was wir als charakteristisch für große Kunstperioden erfaßt haben.

Aber freilich höre ich da gleich einen Einwand: das ist Alles recht und gut, aber abstrakt; zeigen nicht die Erlebnisse jedes Tages, daß ein gleiches Interesse an der bildenden Kunst, wie heutzutage, vielleicht noch nie geherrscht hat? Finden wir in allen größeren Städten und zu jeder Jahreszeit alle die Schaubietungen von Kunstwerken in den überall sich aufthuenden Ausstellungen, nehmen wir den emsigen künstlerischen Betrieb allerorten wahr, beachten wir die Überfluthung des Büchermarktes durch Werke und Schriften, welche die bildende Kunst behandeln, und hören wir auf allen Seiten der Zeitschriften und Zeitungen von künstlerischen Dingen, die mit Erregung besprochen werden – dann scheint der fragende Ausruf doch sehr berechtigt: hat es denn jemals eine Zeit gegeben, in der die Allgemeinheit so stark von den Angelegenheiten der bildenden Kunst bewegt war, wie jetzt? Und beweist das nicht für deren intensives Leben?

Diese Erscheinungen dürfen uns nicht einen Augenblick blenden. Wir müssen vielmehr sogleich erwiedern: in allen jenen Zeiten, da die Kunst nothwendig und natürlich erwachsen ist, sind nicht entfernt so viel Worte über sie gemacht worden wie in unseren Tagen. Gerade alle diese historischen Betrachtungen und ästhetischen Diskussionen, das unaufhörliche Reden über die Kunst ist das bedenklichste Zeichen für diese selbst. Es weist darauf hin, daß sie nicht etwas natürlich Gegebenes, was sich von selbst versteht, sondern etwas nicht innerlich Begründetes und daher äußerlich zu Rechtfertigendes ist. Kein ruhiger Besitz, sondern ein gesuchter, gewollter. Alles geschäftige Interesse an künstlerischen Fragen spricht nicht für, sondern gegen die kraftvolle innere Bedeutung unserer Kunst.

Wohl aber, wie gesagt, verkünden andere Dinge sehr vernehmlich, daß diese, als Ganzes betrachtet, aller gesunden Bedingungen entbehrt und daher in keiner Weise der großen alten verglichen werden kann. Und zwar gilt dies nicht nur von der Kunst der ersten Hälfte des XIX. Jahrhunderts, sondern auch von der neuesten, von der ja gerade gesprochen wird, als erhebe sie sich zum Höchsten aller Zeiten.

Drei früher als wichtig festgestellte Erscheinungen kommen da zunächst in Betracht.

Erstens: es fehlt jede Beschränkung bezüglich der zu behandelnden Stoffe, jeder wohlthätige Zwang von Seiten bestimmter herrschender gemeinsamer Vorstellungen, vielmehr ist es in die volle Willkür jedes einzelnen Künstlers gegeben, zu schildern, sagen und behandeln, was er will und auch wie er es will.

Zweitens: alle Tradition fein durchgebildeter Technik ist verloren gegangen, es mangelt an aller Handwerksgeschicklichkeit. Bis heute hat sie nicht wieder erworben werden können. Mühsam müssen alle bedeutenden Maler sich um die Entdeckung und Verfeinerung der Ausdrucksmittel abquälen und bekennen –, wie gerade besonders die beiden Meister, mit denen wir uns näher beschäftigen –, durch ihr Suchen und ihre Aussprüche, wie hinderlich sie es empfinden, daß sie an nichts fest Gegebenes und Ausgebildetes anknüpfen können. Man denke nicht leicht über diesen Punkt. Am Technischen: an der Präparirung des Grundes, an der Farbenzubereitung und am Farbenauftrag hängt schließlich Alles, und rein aus der Technik läßt sich in unseren Tagen die Meisterschaft eines Malers bestimmen. Früher war das anders, da waren selbst Schwachbegabte im Besitze soliden Könnens, weil sie die gründliche Schule in der Werkstatt eines Meisters durchgemacht. Von dem Wahn der modernen Virtuosen, ihre skizzirende Behandlung sei hohe Technik, werde ich noch später zu sprechen haben. An Stelle der souveränen Beherrschung der Ausdrucksmittel, welche für große Kunst charakteristisch ist, also ein unaufhörliches Schwanken und Versuchen oder ein bequemes Sichgenügenlassen an primitivstem Verfahren. Man scheint gar nicht mehr zu wissen, welch ästhetischen Reiz die Farbenmaterie, subtil behandelt, an sich besitzt, obgleich es Böcklin und Thoma wieder gelehrt.

Über das Dritte: den Mangel an jedem gesunden Verhältniß zwischen Künstler und Allgemeinheit brauchte ich fast kein Wort zu verlieren! So offenkundig ist er. Die armen Künstler des XIX. Jahrhunderts! kann ich nur sagen. Alle die vielen edlen, strebenden Talente, die unserer Theilnahme sicher sind, mit was haben sie sich denn ihr Leben lang abzuquälen gehabt? Eben mit der Unnatur der künstlerischen Bedingungen. Nur ganz ausnahmsweise tritt wünschend und bestimmend der Auftraggeber zu dem Künstler in Beziehung, und dann zumeist von keinen großen Ideen geleitet und wahrer Geschmacksbildung baar, eher das Schaffen hemmend, als es fördernd. So wenig wie ein einzelnes Bedürfniß, kommt aber auch ein wirkliches allgemeines dem Schaffenden hülfreich entgegen, denn die Bestellungen seitens des Staates, der Städte und der Vereine sind in der Regel dazu angethan, das künstlerische Wollen herabzuwürdigen, statt es zu steigern. Die unselige Gewohnheit des Ausschreibens von Konkurrenzen verräth die Unsicherheit der künstlerischen Absichten und des Geschmackes bei den Auftraggebern, sowie den Mangel an Vertrauen in sich und in die Künstler auf das Deutlichste und verschuldet alle die trostlosen Erscheinungen öffentlicher Kunst, aus denen die Charakter- und Lieblosigkeit der Kunstzustände erschreckend spricht. Das Gute und Originelle muß bei solchen Wettbewerben, über welche unfreudige und ängstliche Kommissionen entscheiden, ja fast immer den Kürzeren ziehen.

Was blieb unter solchen Umstanden Anderes übrig, als daß der Künstler, von keiner Seite gehalten und ermuntert, vielmehr zu einem beschämenden Gefühl seiner Überflüssigkeit gedrängt, sich genöthigt sah, seine Produkte auf den Markt zu bringen, sie in großen Ausstellungsbuden feilzubieten? Und welche gefährlichsten Folgen mußte nicht solcher Betrieb für ihn selbst und sein Schaffen haben, da schließlich Alles darauf hinauslief, aufzufallen und zugleich jeder Sinn für die Größenverhältnisse eines Kunstwerkes, für deren Angemessenheit zu den behandelten Vorwürfen erstickt ward! Welche Folgen auch für das Publikum, das in solche Ausstellungen geht, weniger um zu kaufen, als sich zu bilden, zu unterhalten und Kritik zu üben! Ist nicht Alles dazu angethan, selbst das wenige noch vorhandene gesunde, natürliche Gefühl zu ertödten? Veranstaltungen, so zum Ruin aller künstlerischen Bildung bestimmt, wie diese, hat es schwerlich je gegeben. Schon dieses Ausstellungsunwesen dürfte doch genügen, über den Charakter unserer Kunstverhältnisse keinen Zweifel aufkommen zu lassen. Ein willkürliches Spiel, durch kein tieferes seelisches Bedürfniß bedingt, scheint die künstlerische Thätigkeit in der Luft zu schweben.

*

Wir fragen uns, wie konnte es dazu kommen? Warum waren für die Entstehung eines neuen gesunden Lebens in der bildenden Kunst die Möglichkeiten nicht gegeben, nachdem das Alte sich ausgelebt? Wir alle wissen, welche entscheidenden Wendungen am Ende des XVIII. Jahrhunderts in den politischen, gesellschaftlichen und kulturellen Zuständen sich vollzogen. Sind sie es gewesen, welche der bildenden Kunst hinderlich waren? Liegt die Schuld an der Zersplitterung der Interessen, wie sie nach den verschiedensten Seiten im XIX. Jahrhundert eingetreten ist, an den mächtig sich vordrängenden Bemühungen um reichste Ausbildung aller technischen, praktischen Seiten der Zivilisation? Gewiß ist hierin eine Erklärung zu finden, und Vieles wäre darüber zu sagen, was unsere kurzbemessene Zeit uns nicht vergönnt. Aber eine bedeutsame Wahrnehmung macht doch stutzig und hindert daran, einen Mangel an allgemeinen Ideen, die zu künstlerischem Ausdruck drängten, für die Schwäche der bildenden Kunst verantwortlich zu machen, und zumal in Deutschland, auf das wir den Blick ja vornehmlich richten. Verräth sich das Wirken solcher Ideen doch in gewaltigsten Kunstschöpfungen, in denen der Dicht- und der Tonkunst. Dieselbe Zeit, welche die bildende Kunst hülflos in beklemmenden Verhältnissen sich abquälen sieht, erlebt die Thaten Goethes, Schillers, Beethovens, Richard Wagners. Es ist also doch ein gemeinsames Verlangen, nach künstlerischem Ausdruck ringend, vorhanden!

Gerade diese Wahrnehmung aber dürfte uns, so meine ich, den gesuchten Aufschluß geben. Er lautet: der Besonderheit gemeinsamer Ideen der neueren Zeit, die als volksthümlich zu bezeichnen sind, dem gemeinsamen inneren Bedürfniß entspricht nicht die bildende, sondern die Dichtkunst und vor Allem die Musik. Große Kunstschöpfungen sind, wie wir gesehen haben, ihrem Ursprung nach auf zeitlich weit zurückliegende Inspirationen der Volksseele zurückzuführen. Der Quell unserer Dichtkunst und Musik ist im XVI. Jahrhundert zu finden. Damals vollzogen sich so tiefgreifende geistige Veränderungen, daß für die Zukunft, bis auf unsere Tage, auch das Geschick der Künste durch sie entschieden werden mußte. Die Reformation bedingte aus sich, wie die neue Weltanschauung, so auch künstlerische Entwicklungen. In welchem Sinne?

Ihre entscheidende That war die weitestgehende Verinnerlichung christlichen Lebens im Glauben, wie wir dies früher schon berührten. Die Welt der Erscheinungen behielt nur noch einen relativen Werth, man drang auf das Wesen: nirgends mit gleicher Intensität wie in Deutschland. Die Reformation war ja ein spezifisch germanischer Akt. Die Kunst, in der sich das Wesen am unmittelbarsten äußert und offenbart, ist die Musik. Die Musik ermöglicht unbedingtesten Gefühlsausdruck, wie er dem Geiste der Reformation ganz entsprach, und daher wird sie die Kunst der neueren Zeit. Sie entwickelt sich aus frischen religiösen Anfängen in immer kühnerer Gestaltung bis zu den allumfassenden Tongebilden des XVIII. und XIX. Jahrhunderts. Und gleichzeitig wird ihre Schwester, die Dichtkunst, welche Wesen und Erscheinungen für die Phantasie verbindet und verdeutlicht, zur Künderin der Ideale. Sieht man die freie Entwicklung und die herrschende Macht dieser beiden Künste, in Sonderheit aber der Musik, so gewinnt man den Eindruck, als wäre von ihnen, welche die neuere germanische Volksseele so voll und unmittelbar ausdrücken, gleichsam alle künstlerische Kraft des Volkes aufgesogen worden, als wäre der bildenden Kunst nichts mehr zu sagen übrig geblieben, als sei sie überflüssig geworden, weil sie dem geistigen Bedürfnisse nicht in dem Grade, wie jene, entsprach. Und dies zwar um so weniger, als eben ihr Formensinn sich erschöpft hatte. Sie erhält keine innerliche Belebung und tritt zurück. Alle ihre Bemühungen, mit der seit Jahrhunderten jung und lebenskräftig sich entwickelnden Tonkunst an Bedeutung zu wetteifern, sind vergebliche.

Indem ich auf diese geheimnißvollen Dinge hinweise, bin ich mir bewußt, wie ungenügend meine Betrachtungen sind. Die Zeit ist zu kurz und der Geist bescheidet sich, solchen Erscheinungen gegenüber seine Engigkeit einzugestehen.

Ein kurzes Wort hat nur noch den hemmenden Einflüssen zu gelten, welche das starke Ausgehen auf Wissen im XIX. Jahrhundert auf die bildende Kunst ausüben mußte. Hemmend, weil eben das bildende Vermögen schwach und nicht widerstandsfähig genug war, solche Einflüsse zu überwinden. Sie kommen von den zwei Wissenschaften, von denen die Geistesthätigkeit der Gebildeten bewußt und unbewußt im Verlauf des XIX. Jahrhunderts mehr und mehr beherrscht ward, von der Geschichte und von der Naturwissenschaft, geistigen Machten, deren besondere Auffassung von der Welt und ihren Erscheinungen einer unbefangenen künstlerischen Betrachtungsweise feindlich ist. Rechnen wir endlich dazu, daß von Seite der Religion starke Impulse dem Künstler nicht gegeben wurden und die Kant'sche Philosophie mit ihrer abstrakten kritischen Erkenntnißlehre sich von allen anschaulichen Vorstellungen entfernte, so dürfte ich die hauptsächlichen Thatsachen, welche für die Erklärung des Charakters der bildenden Kunst im XVIII. Jahrhundert in Betracht kommen, wenigstens berührt haben.

Es bleibt zum Schlusse nur noch übrig, die bemerkenswerthesten Symptome ihrer Schwäche zu erfassen. Das zuerst zu erwähnende ist die *Stillosigkeit*, sowohl der Mangel an Stil, was die Gesetzmäßigkeit anbetrifft, als auch der Mangel an einer selbständigen einheitlichen und für die Bedürfnisse der Zeit charakteristischen Formensprache, wie er sich besonders auffallend in der Architektur als Armuthszeugniß gestaltender Kraft geltend macht. Das zweite Schwächesymptom ist die vorwiegende *Reflektion*, welche eine naive Anschauung nicht aufkommen läßt, sondern der künstlerischen Thätigkeit den Stempel der Absichtlichkeit aufprägt, sie verstandesgemäßen Theorien, Tendenzen und Prinzipien dienstbar macht. Das dritte ist die *Abhängigkeit*, in welche die Kunst von älteren Kunstperioden einerseits, von herrschenden geistigen Mächten andererseits geräth. Durch das ganze XIX. Jahrhundert hindurch sucht sie nachahmend Stütze und Halt an Vorbildern großer Vergangenheit und unterliegt zu gleicher Zeit den zwingenden Einflüssen, sei es der beiden anderen Künste, Dichtung und Musik, sei es der Wissenschaften, wie der Geschichts- und Naturforschung. Die besonderen Erscheinungen, die damit zusammenhängen, werde ich später beachten. Das vierte Schwächesymptom endlich ist der beständige *Wechsel* der Richtungen, die sich häufig nach Gegensätzen ablösen. Auch hierüber werde ich noch zu sprechen haben.

So Alles in Allem betrachtet, vergleicht sich diese Kunst einem kraft- und charakterlosen Menschen, der, unfähig sich auf eine Aufgabe zu konzentriren, abhängig von anderen Meinungen und dabei doch rechthaberisch, in seinen Launen wechselnd, sich auf seinen Beruf nicht versteht, wohl aber höchste Ansprüche auf Bewunderung und Respekt erhebt!

Alle diese Kritik aber, die unabweisbar ist, so gerne wir uns auch einem gefällig schmeichelnden Wahne hingeben möchten, galt der Kunst des XIX. Jahrhunderts, ganz im Allgemeinen gefaßt. Sobald wir uns dem Besonderen zuwenden, verwandelt sich solche Unerbittlichkeit des Urtheils in die Anerkennung aller der idealen und eifrigen Bestrebungen, die sich geltend machen. Da zeigt sich das Schauspiel, wie hochgerichtetes Wollen, edle Begabung, ja selbst geniale Kraft, die alle Hemmnisse überwindet, in Einzelnen den Kampf mit den ungesunden und ungünstigen Verhältnissen aufnimmt. Ein tragischer Anblick, der unsere wärmste Sympathie für die Kämpfer erwecken und unsere Bewunderung für ihre trotz Allem bedeutenden Leistungen steigern muß.

Ein kurzer Überblick über die deutsche Malerei des XIX. Jahrhunderts wird uns in solchen hervorragenden Persönlichkeiten das Deutsche kraftvoll wirkend, wenn auch nur in seltenen Fallen zu freiem Ausdruck gelangend, zeigen, indessen wir in dem Allgemeinen nicht die Kraft, sondern die Schwächen deutschen Wesens finden werden. Die Phänomene sind also nicht einfacher, sondern verwickelter Art und verständlich nur, wenn wir die heute angestellten Betrachtungen fest im Sinne behalten. Und damit treten wir nun die durch so verschiedenartige Bereiche führende eilige Wanderung an, die uns vom Beginn des Jahrhunderts bis zu der Gegenwart, bis zu der als *Moderne* bezeichneten Kunst führen soll.

IV. Charakteristik der Haupterscheinungen. Der Klassizismus und die Romantik.

Unsere Kreise verengern sich. Aus dem Bereich des Allgemeinen senken wir uns mehr und mehr zu dem Besonderen herab. Wir hatten uns das letzte Mal mit unerbittlicher Wahrhaftigkeit einzugestehen, daß die bildende Kunst des XIX. Jahrhunderts als ein Ganzes sich nicht vergleichen läßt mit großen künstlerischen Perioden vergangener Zeit, mit der hellenischen, der mittelalterlichen, der Renaissance. Vier Schwächesymptome wurden uns bekannt: die Stillosigkeit, das Vorwalten der Reflektion, die Abhängigkeit von älteren Vorbildern und der Wechsel der Richtungen. Drei dieser Erscheinungen verlangen eine noch etwas eingehendere Betrachtung, ehe wir kurz den historischen Verlauf der Dinge uns vergegenwärtigen.

Eine Kunst, die nicht aus volksthümlichen Ideen und Nothwendigkeiten ihre Nahrung und Kraft zieht, ist von jeher gezwungen gewesen, sich an fremde Muster zu halten. Eine solche Anlehnung ist nicht zu verwechseln mit der Lehre, die ein noch jugendliches und unerfahrenes Volk bei Völkern sucht, welche eine vorgeschrittene Kunst und Kultur besitzen, wie z. B. die Griechen bei den Orientalen, auch nicht mit dem zeitweiligen Sichaneignen der Fortschritte, welche mitstrebende Nachbarn gemacht, wie es sich in den Wechselbeziehungen der Nationen im Mittelalter zeigt, auch nicht mit dem Suchen nach Belehrung und Inspiration seitens der alten Kunst behufs Lösung eigener großer Aufgaben in schon entwickelten Stadien des Könnens, wie in der italienischen Renaissance. Vielmehr handelt es sich um bewußte Versuche der Wiedergestaltung alter Ideale, durch die man die Leere an eigenen Konzeptionen ausfüllen und dem Mangel an Gestaltungskraft abhelfen will, von ehrlicher Überzeugung beseelt und auch bemüht zu lernen, aber in wunderlichen Fiktionen befangen, denn wohl kann man dem großen Alten wichtigste Belehrung entnehmen, aber niemals dessen Anschauungen und Sprache sich wirklich zu eigen machen. Diese Art der Anlehnung ist der neueren Kunst bis in ihre dritte Phase hinein eigenthümlich, in der letzten jüngsten wehrte der Naturalismus einer gleichen Abhängigkeit.

Die Einflüsse künstlerischer Vorbilder, die im XIX. Jahrhundert nacheinander eintreten, waren folgende. Zuerst in den Zeiten, in denen durch das hellseherische Auge Winckelmanns die einfache, kraftvoll erhabene Schönheit des Griechenthums wieder entdeckt worden war, wurde die Antike das Ideal. Dann in der Reaktionsbewegung der Romantik, welche sich den alten Besitzthümern mittelalterlichen christlichen Lebens zuwandte, ward an Stelle des Antiken, welchem sich bereits italienische Muster des XVI. Jahrhunderts zugesellt hatten, die Kunst des Mittelalters und der Renaissance zum Leitstern. Einerseits die italienische: Raphael, Michelangelo und solche ältere Maler der florentinischen und umbrischen Schule, welche dem Wunsche nach innigem Seelenausdruck besonders die Wege zu weisen schienen, und andererseits die empfindungsvollen, bald zart träumerischen, bald gewaltig leidenschaftlichen Schöpfungen der deutschen Kunst, der primitiven sowohl, als Dürers und Hohlbeins. Als hierauf das Interesse von koloristischen Fragen und Problemen erregt wird, tritt der Augenblick ein, da man das Heil in der Nachfolge der großen spezifisch malerischen Erscheinungen der Vergangenheit, die man bis dahin noch nicht beachtet hatte, erkennt. Nun halten die Venezianer, die Niederländer ihren Einzug. Und wollen wir noch weiter gehen bis in die neuesten Zeiten, so vernehmen wir die Parole, die, in Frankreich ausgegeben, auch in Deutschland wiederhallt: die Spanier, vor allem Velasquez! und fast zu gleicher Zeit, wie man diesen die Berechtigung zu rücksichtslosem, gewaltsamem Naturalismus entnimmt, wendet man sich, als die Fundgruben europäischer Kunst ganz erschöpft sind – Sie wissen, wie im Kunstgewerbe auch das Rokoko und das Empire verwerthet ward, ja schließlich der Biedermeiergeschmack –, nach Asien an die Japaner, ja liebäugelt mit der alten orientalischen und auf dem Gebiete der Ornamentik mit der prähistorischen Kunst. Bis auf den heutigen Tag sind wir, wenn auch das eifrige Naturstudium in den letzten Jahrzehnten ein Gegengewicht bot, aus der Anlehnung an fremde Vorbilder und aus deren Ausnützung nicht herausgekommen. Gar Vieles, was von einem nicht näher unterrichteten Publikum für originell und für gänzlich neu gehalten wird, erweist sich für den Kenner bei näherer Betrachtung trotz aller Verkleidung und trotz einer nicht seltenen Verzerrung als entlehntes Gut.

So viel über die Abhängigkeit. Was die Beeinflussung der Malerei durch die gleichzeitigen Wissenschaften und die anderen Künste betrifft, so schieben wir die Erörterung dieses Momentes noch ein wenig auf, um uns zuvor über *das Vorwalten der Reflektion* klar zu werden.

Auch hier haben wir wieder, um jede irrige Auffassung auszuschließen, eine Bemerkung vorauszuschicken. Ohne Reflektion kommt kein Kunstwerk zu Stande. Den Künstler sich als ein gedankenloses Werkzeug bloßer Gefühlsimpulse zu denken, so weit würde wohl selbst der verstiegenste mystische Romantiker nicht gegangen sein. Kein Kunstwerk entsteht ohne vieles Denken, sowohl was die Komposition, als was die Ausführung anbetrifft. Die Frage ist nur die, was das Erste, das heißt: welcher Art die Konzeption ist. Geht sie aus einer das Gefühl bewegenden Anschauung, die dann während der Ausführung weiter wirkt und sich des Verstandes nur als Gesellen bedient, oder von vornherein aus einer Verstandesabsicht hervor? Das erste ist das Künstlerische, das zweite das Unkünstlerische. Und wenn ich hier von Reflektion spreche, so meine ich sie in dem zweiten Sinne.

In zweierlei Weise nun zeigt sich diese an Stelle der Anschauung tretende Reflektion, welche die künstlerische Schwäche im XIX. Jahrhundert verräth. Einmal, indem die Kunst zum Vehikel von Gedanken gemacht wird, gedankenhaft wird. Es kann nicht verwundern, daß gerade in Deutschland, bei dem Volke der Denker, dies ganz besonders der Fall ist. Ein Programm, häufig genug ein tendenziöses, das viel zu denken geben will, wird aufgestellt und das Kunstwerk hat es zu verdolmetschen. Es genügt, wenn ich auf die wohlbekannten lehrhaften Allegorien – die von künstlerischen wohl zu unterscheiden sind –, auf die Historienbilder und auch auf sittenbildliche Darstellungen hinweise, die vom Verstande eingegeben auch nur an den Verstand appelliren. Sie waren besonders der ersten Hälfte des Jahrhunderts eigenthümlich; doch tauchen neuerdings wieder solche Dinge auf. Die andere Art der Bethätigung der Reflektion, welche in der zweiten Hälfte des Jahrhunderts in den Vordergrund tritt, betrifft nicht den Inhalt der Darstellung, sondern das Formale. Es ist die Bestimmung des künstlerischen Schaffens durch Theorien und Probleme, denen Prinzipien entnommen werden. Auch hier ist das Künstlerische ernstlich bedroht. Nicht eine unmittelbare Anschauung ist das Erste, sondern alle Anschauung hat sich einem aufgestellten Gesetze zu fügen. Die Natur wird mit voreingenommenen Augen angeblickt; man will sie in einer besonderen Weise sehen und wiedergeben, oder aber man entnimmt gewisse Vorstellungen von Gesetzmäßigkeit den Werken hohen Stiles und arbeitet nun nach dieser Regel. Da aus Theorien niemals wirkliche Kunst hervorgehen kann, so gewiß das Studium des Gesetzmäßigen nicht vernachlässigt werden darf, begreift es sich, daß jeder solchen Theorie nur ein kurzes Leben beschieden ist. Sie wechseln ähnlich wie die Vorbilder älterer Kunst, an die man sich hielt. Daß sie aber gerade in der allerneuesten besonders mächtig wurden, erklärt sich leicht. Je mehr sich die Erkenntniß einstellte, daß man keinen großen Stil besaß und zudem nicht originell war, daß in der That die alte Kunst etwas Unvergleichliches voraus hatte, desto mehr mußte man zum Sinnen darüber aufgefordert werden: einerseits wie ist denn Stil, wie ist Gesetzmäßigkeit zu erlangen, und andererseits: wie können wir etwas Neues, noch nicht Dagewesenes machen? Gewiß soll nicht geleugnet werden, daß diese Versuche aus ernstestem Streben hervorgingen. Sogleich aber stellte sich, abgesehen von der Lähmung der schöpferischen Phantasie, die Gefahr ein, daß durch Theorien und Prinzipien, auf die man schwor, Alles heilig gesprochen werden konnte. Und es kam zu höchst bedenklichen Folgen, zu einer Rechtfertigung selbst des künstlerisch Absurdesten und Perversesten, worüber ich mich noch zu äußern haben werde. Denn wo der Verstand bei der künstlerischen Thätigkeit das erste Wort spricht, da wird Alles möglich, da können die Grenzen, die durch Scheu und Anstand bestimmt werden, unberücksichtigt bleiben, denn diese werden nur vom Gefühle innegehalten. Da werden Dämonen losgelassen, die, dem Ächten und Guten feind, alle bösen Triebe zu entfesseln die Fähigkeit haben. Die Beispiele dafür, wozu bloße Phantome von Reflektionen, von formalen Prinzipien, die zu Herrschern der Kunst gemacht werden, verleiten können, sind uns Allen vor Augen. Theorien können zur Vergewaltigung, zur Vernichtung der Kunst überhaupt führen!

Die jüngsten Prinzipien sind der Naturwissenschaft entlehnt worden. Die Untersuchung, in wie weit die neuere Malerei auch von anderen geistigen Mächten beeinflußt ward, was und wie sie von allen Seiten aufnahm, wäre eine sehr fesselnde. Ich beschränke mich auf die Hervorhebung einiger allgemeiner Thatsachen. Sie sind bezüglich der Wissenschaften diese, daß in der ersten Hälfte des Jahrhunderts die Geschichte bestimmend einwirkte, wovon die Historien, Allegorieen und auch die Sittenbilddarstellungen ein untrügliches gemeinsames Zeugniß ablegen, in der zweiten Hälfte aber die Naturwissenschaft, deren nicht minder starke Einmischung nicht nur in jenen Theorien, sondern in der ganzen Art des Naturstudiums sich äußert. Von den herrschenden Künsten der Zeit war es zuerst die Dichtkunst, die die Malerei ihre Macht fühlen ließ. Zu allen Zeiten hat die Dichtung Plastik und Malerei inspirirt – dichterisch geformte Vorstellungen sind Vorwürfe größter Kunstwerke geworden. Nicht von diesen gesunden und natürlichen Verhältnissen ist die Rede. Das Unkünstlerische lag darin, daß die Malerei, ihre eigenen Vorrechte aufgebend, die Dichtkunst nachahmen wollte und damit aus ihrem Bereich herausschritt. Indem sie erstens Gedanken mittheilen wollte, was zu allegorischem Spintisiren führte, zweitens zu Gunsten der gegenständlichen Erzählung die sinnlichen künstlerischen Faktoren vernachlässigte und drittens theatralische Effekte suchte. – In der Malerei seit den fünfziger Jahren gewann der Einfluß der Musik die Überhand. Wenn Schiller die Stimmung, aus der seine dichterische Konzeption hervorging, eine musikalische genannt hat, so darf diese Äußerung wohl auf die Gefühlsbewegung, die allem künstlerischen Schaffen vorangeht, ausgedehnt werden. Hier, in dieser neuesten Malerei aber handelt es sich um etwas Anderes, um ein Wetteifern mit der Musik, um ein Verwerthen der Farben im Sinne von Tönen. Ein äußerster Gegensatz zu den dichterischen Neigungen tritt ein: das Gegenständliche wird gleichgültig. Nur Farbensensationen sollen hervorgebracht werden, die unser Auge stimmen wie die Töne das Ohr. Auch hier verzichtet die Malerei auf ihre eigene Machtvollkommenheit und begiebt sich, ihre reichen Fähigkeiten der Weltschilderung aufgebend, in die Sklaverei einer anderen Kunst. Hierauf komme ich später zurück.

Abhängigkeit, vorwaltende Reflektion – es bleibt das Dritte: *der Wechsel der Richtungen.* Große Kunstepochen weisen, wie wir früher betrachteten, Einheitlichkeit in der gesamten Entwicklung künstlerischer Ideale, sowohl dem behandelten Vorwurf als der Formensprache nach, auf. Wie in einer Kette lassen sich die Glieder des Zusammenhanges verfolgen, von der Entstehung der Ideale bis zu deren Verwirklichung. Einen solchen einheitlichen Zusammenhang können wir im XIX. Jahrhundert nicht feststellen, nicht eine sich steigernde Ausbildung bestimmter Vorstellungen, daher nicht eine Entwicklung, vielmehr nur erstaunlich schnell wechselnde Tendenzen, Moden, die einander, und zwar zumeist in Gegensätzen, ablösen. Daher muß jeder Versuch einer Bestimmung und Unterscheidung von Entwicklungsstadien scheitern. Ja, fast scheint es, als könnten wir nur, indem wir den Thatsachen Gewalt anthun, die Erscheinungen in bestimmte Gruppen zusammenfassen, denn immer wieder lassen sich einzelne Persönlichkeiten nicht in diese einfügen, und zwar um so weniger, je bedeutender sie sind. Persönlichkeiten, die, dank starker Intuition und unabhängiger Phantasie, Wege finden, die von der Heerstraße ganz abliegen. Gerade diese aber sind, wenn sie auch Nachahmung finden, nicht eigentlich Begründer von Richtungen, sondern stehen abseits von diesen, indessen für der letzteren Entstehung allgemeine Zeitanschauungen, die von begabten Einzelnen zum Ausdruck gebracht oder zu Theorien gemacht werden, maßgebend sind. Nicht unter den Urhebern der zu ausgedehnter Herrschaft gelangenden Strömungen also, muß solchen auch eine besondere Stellung zugewiesen werden, sind die größten künstlerischen Persönlichkeiten zu finden, sondern unter den mehr oder weniger isolirt schaffenden Geistern. Dies beweist, daß den Richtungen an sich etwas Unkünstlerisches anhaftet, dem eben die wirklich schöpferischen genialischen Naturen das Künstlerische gegenüberstellen, und es beweist ferner, daß von einer eigentlichen Entwicklung, wie in großen Kunstepochen, nicht die Rede sein kann. Denn in diesen sind die Genies die Pfadfinder und Leiter der gesamten Bewegung, die Gestalter der großen Fortschritte, welche neue Phasen eröffnen. Sie wachsen natürlich, wenn auch mächtig über die Anderen sich erhebend, aus der ihnen vorangehenden Kunst heraus. Denn sie sind Verkündiger vorwärts drängender Ideen, auf deren Verwirklichung es einem ganzen Volke ankommt, sind deren Träger, die Führer der Entwicklung.

Ist nun auch eine solche Entwicklung nicht zu erkennen, so läßt es sich doch gewiß nicht bestreiten, daß bei allem Wechsel der Richtungen ein gewisser genereller Fortschritt im Verlaufe des Jahrhunderts sich geltend gemacht hat. Daß so viele ausgezeichnete und eifrige Bestrebungen nicht Früchte getragen haben sollten, ist ja undenkbar. Dieser Fortschritt, mit dem die Veränderungen in der Technik zusammenhängen, ist der vom rein Zeichnerischen zur Farbe. Wie die Kunst des XIX. Jahrhunderts in raschem Fluge die historische Folge der älteren Kunstepochen: Antike, Mittelalter, Renaissance und spätere Zeit, wiedergespiegelt hat, so hat sie gleichsam auch die geschichtliche Aufeinanderfolge der formalen Prinzipien, wie sie innerhalb einer Kunst stattfindet, in kürzestem Zeitraum wiederholt. Wie in einem kurzen Überblick hat sie veranschaulicht, welchen Weg die Malerei, nach ihrem gesamten großen Werdegang betrachtet, durchläuft: den Weg von der Umrißzeichnung bis zur Lichtdarstellung. Also ein Fortschritt in der malerischen Anschauung und Gestaltung ist gewiß unverkennbar. Es fragt sich nur, wie hoch wir seine Bedeutung einschatzen sollen, es fragt sich, ob die impressionistische Malerei, die solchen Anspruch erhebt, einen Fortschritt über die ihr vorangehende koloristische Kunst darstellt oder in ihr bereits wieder ein Verfall zu sehen ist. Eine Antwort hierauf kann ich jetzt noch nicht geben. Sie hängt von der Auffassung der einzelnen Erscheinungen und im Besonderen davon ab, welchen Werth wir der Malerei in der ersten Hälfte des Jahrhunderts, die ja zumeist heute abfällig beurtheilt wird, und dann wieder der gegenwärtigen, die von Vielen für das Höchste gehalten wird, zuerkennen müssen. Wir wenden uns diesen einzelnen Erscheinungen zu.

Ich möchte hier von vorneherein jedem Mißverständniß vorbeugen. Eine eigentliche Darstellung beabsichtige ich nicht zu geben, nur eine kurze Hervorhebung dessen, auf was es mir besonders ankommen muß. Die Namen aller derer, die einen ehrenvollen Platz in der Geschichte der neueren deutschen Malerei einnehmen, kann ich auch nicht entfernt anführen. *Ich hebe nur solche Persönlichkeiten hervor, die in irgend einem Sinne für meine Betrachtungen bezeichnend und wichtig sind. Manche bedeutende und der Beachtung höchst würdige nenne ich nicht, darunter auch Jetztlebende, denen Dankbarkeit und Hochschätzung bezeugen zu dürfen, mir eine freudige Genugthuung sein würde.* Es ist mir um die allgemeinen, von mir aufgestellten Fragen, nicht um eine gleichmäßig auf Alles eingehende Schilderung zu thun. So werde ich mich auch bei der Besprechung des Klassizismus

und der Romantik, indem ich nur die ja allgemein bekannten Thatsachen in die Erinnerung rufe, kürzer aufhalten und das Schwerge-
wicht der Betrachtungen auf die neueren und neuesten Dinge legen.

*

Der Klassizismus trat ein als eine Reaktion gegen das verschnör-
kelte Wesen der lüstern-spielerischen Gesellschaftskunst des Rokoko. Erhabene, ruhige, klare Formen werden das Ziel. Geist und
Auge richten sich mit frischer Empfänglichkeit empor zu den Höhen der keuschen Schönheit des Griechenthums. Da die erhaltenen
Reste des Alterthums im Wesentlichen plastischer und architektoni-
scher Art waren, auch an diesen die einstige Bemalung geschwun-
den war, erhielten die Maler keine Anregung nach der Seite der
Farbe hin, sondern erkannten ihre Aufgabe, die Farbe ablehnend, in
einer strengen Zeichnung. Diese allein schien der gesuchten Reinheit und Schönheit der Form gerecht zu werden. Die Malereien des
Bildhauers Michelangelo machten tiefen Eindruck. Was man ausdrücken wollte, das waren ideale Vorstellungen vom Menschlichen
nach seinem ewigen, in der Mythologie geformten Gehalte. Von
neuem erschließt sich die Gestaltenwelt alter Dichtung, Dem ge-
dankentiefen *Carstens* genügt es, sein reiches, inneres Leben in
Zeichnungen auszusprechen, *Bonaventura Genellis* dichterischem
Geiste bleibt der Stift das eigentliche Werkzeug. Die klassische Richtung wird nicht in solchem Sinne von der romantischen abgelöst,
daß die eine die andere aufhöbe und ausschlösse, wie man anzunehmen gerne geneigt ist. Auf lange Zeit hinaus bleibt sie wirksam
bis in die Werke Böcklins hinein und weiter. Das Klassische ward
ein Bestandtheil der deutschen Kunstanschauung, und niemals, wie
manche neueste Dinge wieder zeigen, hat man mit ihm ganz abge-
schlossen. Der Augenblick, in dem dies einträte, wäre, wie für unsere allgemeine Bildung, so auch für die Kunst von unheilvoller Bedeutung. Aber es ist auch nicht zu befürchten, denn das Griechenthum hat ein unverwüstliches Leben. Auch die Wiedergabe der
südlichen Natur in großer Linienführung, wie sie *Joseph Anton Koch*
zum Thema seiner großartigen Landschaftsdarstellung gemacht,
erhielt sich bis weit in das Jahrhundert hinein. Die Zeiten bereits
durchlebter Romantik sehen *Friedrich Prellers* Odysseebilder entstehen. Nur daß vielfach die klassischen Formen mit romantischen
Stimmungselementen sich vermahlen.

Abseits von dieser Kunst, welche das deutsche Wesen freilich in sehr fremdartiger Verhüllung und nur im Ringen starken Ausdrucks mit übernommenen Formen zeigte, spricht sich unverhüllt die deutsche phantasievolle Art und innige Empfindung mit großer Natürlichkeit, aber unbeholfen an manchen Orten, in verborgenen Künstlererscheinungen, die lange unbeachtet blieben, aus. Ich nenne von Vielen, über die uns die nachstjährige Jahrhundertausstellung in Berlin neue Aufschlüsse zu geben verspricht, nur einen, den Hamburger *Philipp Otto Runge*, um dessen wie Anderer Kenntniß Lichtwark ein so schönes Verdienst sich erworben hat. Man darf in seiner erfindungsreichen, natürlich lebendigen, warmen Kunst die ersten Erscheinungen der Romantik sehen, welches Wort wir in dem bestimmten, beschränkten Sinne fassen, den es in der Literaturgeschichte hat. Sonst läge die Gefahr vor, die auch nicht immer vermieden worden ist – noch neulich nannte man Thoma einen Romantiker –, deutsch und romantisch zu verwechseln, und alle besonders phantasievolle Kunst als romantisch zu bezeichnen.

Die Romantik, die nicht minder innig, ja noch näher mit der Poesie zusammenhängt wie der Klassizismus, in schwärmerischen Fiktionen von einer Neubelebung christlichmittelalterlicher Ideen und Vorstellungen befangen, ging vor Allem auf Rührung und Bewegung der zarteren Gemüthssaiten aus. Stimmungen von geheimnißvoller, inbrünstiger Art sollen erweckt werden. Da konnte es denn nicht ausbleiben, daß die Zeichnung allein nicht befriedigte, daß man der Farbe bedurfte – in Deutschland freilich zunächst noch in geringem Maße, denn während in Frankreich das Kolorit sofort zu großer Wichtigkeit gelangte, bleibt in der deutschen Malerei das Zeichnerische lange vorherrschend. Christliches, Sage, Märchen, Geschichte, bürgerliches Volksleben werden Gegenstand der Darstellung, die Wiedergabe heimischer Landschaft tritt ein. Alles in Allem drängt es den Deutschen, sich gleichsam sein eigenes Wesen zu vergegenwärtigen und sich hierin zu gefallen und genießen. In dieser Absichtlichkeit ist die Schwäche der künstlerischen Produktion begründet, sie zeitigt das Sentimentalische und das Pathetische. Wenige Persönlichkeiten haben die Kraft, sich von dem Einen oder dem Anderen ganz freizuhalten. Die gesamte Bewegung umfaßt verschiedenartige Erscheinungen.

Die eine und erste, die mit so besonderer Ersichtlichkeit in der Literatur hervortritt, ist die dem Katholizismus zustrebende religiöse. Die Maler suchen ihre Vorbilder in den gefühlsinnigen Werken primitiver Meister: der Vorgänger Raphaels, sowie Raphaels selbst, deren Kompositionsweisen für sie maßgebend werden, und der Deutschen des XV. Jahrhunderts. Die Führung übernahm der sanftgesinnte kraftlose, aber ernst bestrebte *Friedrich Overbeck*, dem sich der schwachmüthige *Philipp Veit* anschloß. Die klösterlich künstlerische Genossenschaft von S. Isidore in Rom gewann den Charakter einer Schule, deren Anhänger die Nazarener genannt wurden. Der impulsive *Joseph von Führich*, der feinfühlige *Eduard Steinle* setzten diese Bestrebungen fort. Dem Religiösen gesellen sich profane Momente illustrativen Charakters, Züge aus einer träumerisch verklarten Wirklichkeit.

Verglichen mit dieser Richtung, die in dem Trachten nach sanfter Schönheit in Süßlichkeit, in der Verschwommenheit des Empfindens bis zur Unwahrhaftigkeit führen konnte, aber in ihren besseren Schöpfungen feine malerische Qualitäten aufweist, erhebt sich kraftvolles deutsches Gefühl und starke deutsche Phantasie, wenn auch gebunden in der Formensprache, zu mächtigem Ausdruck in der Kunst des *Peter Cornelius*. Außer in kunstgeschichtlichen Schilderungen kümmert man sich heute wenig mehr um ihn, und doch war er einer der potentesten Meister der neueren Zeit, eine leidenschaftliche, energische Persönlichkeit, von höchstem deutschen Idealismus erfüllt. Aus dem Klassizismus hervorgehend, aus dessen Elementen und dem Studium Dürers und Michelangelos seinen persönlichen Stil sich bildend, ist er Zeit seines Lebens immer ein Zeichner geblieben. Mit der Farbe sich zu befassen, widerstrebte ihm. Scharfe plastische Bestimmtheit der Formen erschien ihm als die einzige überzeugende Verdeutlichung starken inneren Erlebens. Und er hatte für sich Recht. Wer vom Standpunkte moderner malerischer Anschauung mitleidig auf diesen *Kartonzeichner* herabschauen wollte, verriethe die Einseitigkeit seines Urtheiles. An Intensität und Größe künstlerischen Wollens dürften nur Wenige im XIX. Jahrhundert sich ihm vergleichen lassen. Daß einem solchen Geiste nicht die Befreiung von dem Banne älterer Kunstformen vergönnt war! Vielleicht bei keinem Anderen offenbart sich die Tragik des Künstlerlooses in der Neuzeit wie bei ihm. An seine Kunst, die auf monumentalen Freskenstil ausging, knüpften Andere an, unter denen ich den freilich viel schwächer gearteten *Julius Schnorr von Carolsfeld* anführen möchte, ohne daß sich eine eigentliche Schule hätte bilden können. Vielmehr ward der Wahn der Monumentalität zum Verhängniß.

In bescheideneren Grenzen verharren andere Maler, welche durch Sagen und Märchen inspirirt werden. *Alfred Rethel* freilich, in seinen Fresken und Holzschnitten, welche die eindringliche Erzählerkunst der Dürerschen Zeit wiedererwecken sollen, hat einen Zug zum Großen und Gewaltigen. Aber ihn mit Cornelius vergleichen zu wollen, geht doch nicht an. Eine krampfhaft erregbare Phantasie, die von düsteren Vorstellungen beherrscht ist, reißt ihn zu Gewaltsamkeiten hin. Das Leidenschaftliche seiner Werke kann den Eindruck fast des Gewollten machen. Man vergleiche seinen Totentanz mit dem Holbeinschen, um die Grenzen, die seiner großen Begabung gesetzt waren, zu erkennen.

Nach seiner heiter sinnigen, das Leben freudig auffassenden Natur bildet *Moritz von Schwind* zu ihm einen Gegensatz. Zarte Naturempfindung und dichterische Veranlagung lassen ihn zum Märchenerzähler werden. Nicht glücklich, sobald er Gemälde monumentalen Charakters schaffen will, weiß er seinen kleinen Bildern selbst gewisse koloristische Reize zu verleihen, so zaghaft, ja kränklich sein Farbengefühl ist. Das Deutsche, auch nach der Seite des Humors wirksam, drückt sich hauptsächlich in seiner Waldesverherrlichung aus, wird aber in den Figuren durch ein konventionelles Schönheitsideal gehemmt. Indem er Landschaft und Menschenwesen zu stimmungsvollen Eindrücken verbindet, weist er auf Möglichkeiten hin, die auszunützen ihm freilich versagt blieb. Denn hierzu gehörte eine ursprünglichere Kraft der Anschauung, als ihm zu eigen war.

An malerischer Beanlagung übertrifft ihn *Karl Spitzweg*. Dessen kleine Bildchen, welche mit Witz und Schrullenhaftigkeit humoristische Typen in der engen Umgebung deutscher winkliger Straßen schildern und durch Reize der Lichtwirkung ausgezeichnet sind, gehören zum Feinsten und Originellsten der Epoche.

Am ausgeprägtesten deutsch aber unter diesen Kleinmeistern ist wohl *Ludwig Richter*, der die Kraft und Einfalt besaß, über Eindrücken der heimischen Landschaft alle in Italien gemachten Studien zu vergessen und in der täglichen schlichten Umgebung seine Motive zu suchen. In eng umgrenztem bürgerlichen Dasein, voll Liebe zu der es traulich umfriedigenden Natur und zu der Kinderwelt, hat er in seinen anspruchslosen Zeichnungen dem reichen Leben eines treuen Gemüthes einen schier unerschöpflichen Ausdruck verliehen.

Auf dem Gebiet der eigentlichen Landschaftsdarstellung erhalten sich neben den eben erwähnten Verwerthungen heimischer Motive, die wir auch bei anderen erst neuerdings beachteten und auf der augenblicklich veranstalteten interessanten Landschaftsausstellung in Berlin zur Geltung kommenden schlichten Künstlern finden, noch lange, wie ich bereits bemerkte, klassische Traditionen, die sich mit Elementen deutscher Natur verbinden. Unter den Malern, in deren Kunst solche Eigenthümlichkeiten auftreten, mochte ich nur einen nennen, den Lehrer Böcklins und Thomas, *Johann Wilhelm Schirmer*, dessen Schule in Düsseldorf und in Karlsruhe eine große gewesen ist. Ihm zur Seite, aber ganz der deutschen Natur und, wie Schwind, besonders dem Wald ergeben, steht in ersterer Stadt *Karl Friedrich Lessing*, der sich, viel mehr als in seinen Historien, in seinen Landschaften künstlerisch bewährt hat.

Das Urtheil über den Verfertiger der Fresken im Treppenhaus des Neuen Museums zu Berlin, *Wilhelm von Kaulbach*, der eine höhere Berühmtheit als die meisten Anderen seiner Zeit besaß, ist längst gefällt. Der Einfluß seiner Malerei, die zwischen dem Gedankenhaften und sinnlich Pikanten hin und her schwankt, ist für das deutsche Publikum verderblich geworden. Die Unwahrhaftigkeit in seinem Schaffen ist es, die die Einen sagen läßt: hier ist man nahe an die Grenze dessen gekommen, was als künstlerisch pervers zu bezeichnen ist.

Auch ein Anderer, auf den dieses Wort aber nicht anzuwenden ist, und dessen Bedeutung wir als Landschafter schon schätzten, Lessing, hat durch seine Historienbilder gefährlich gewirkt. Sie leisteten, kraftlos in Form und Farbe, der Vorliebe der Menge für Pathos und Pose, für theatralische Effekte, sowie dem unkünstlerischen Interesse rein für das Gegenständliche Vorschub.

Schon aber zeigen sich Bestrebungen ganz anderer Art. Eine neue Richtung stellt sich ein, die man bezeichnen könnte als die Wiederbelebung koloristischer Ideale. Zum ersten Male macht sich der französische Einfluß geltend, gleichzeitig mit Einflüssen großer älterer koloristischer Schulen. Auf Frankreich hat sich zunächst unser Blick zu richten, und zwar mit freudiger Bewunderung der großen Errungenschaften, welche dort die Malerei, der deutschen voraneilend, gewonnen hat, in Schöpfungen, die zu dem Schönsten und Bedeutendsten gehören, was die Kunst des XIX. Jahrhunderts überhaupt hervorgebracht hat.

V. Die Wiederbelebung koloristischer Ideale und der Impressionismus.

Ich weiß nicht, ob Sie von mir erwarten, daß ich auf den mir seitens Max Liebermanns widerfahrenen Angriff eine Erwiederung hier gebe? Ich glaube, Sie erwarten es nicht. Auch könnte ich eine solche Antwort gar nicht geben: das Niveau der Betrachtungen ist ein zu verschiedenes, und wir halten daran fest, daß bei diesen unseren Erwägungen alle persönliche Voreingenommenheit ausgeschlossen ist. –

Wollen Sie mir heute etwa zehn Minuten, vielleicht auch noch etwas länger zu sprechen vergönnen, damit ich das umfangreiche Thema, das ich zu behandeln habe, zu einem Abschluß bringen kann!

*

Wir haben das letzte Mal die künstlerische Thätigkeit in Deutschland während jener zwei großen Phasen, die man kurzweg als Klassizismus und Romantik bezeichnet, ins Auge gefaßt. Neben den allgemeinen Schwächen trat uns doch auch die Bedeutung einzelner Künstler, die wir äct deutsch nennen konnten, entgegen. Jene Schwächen

dürfen wir wohl in zwei damals hervorstechenden Eigenthümlichkeiten gewahren, nämlich in einem Pathetischen und einem Sentimentalischen, Erscheinungen, in denen die großen Gefühlsseiten deutschen Wesens verkümmert und ohne Kraft der Wahrhaftigkeit sich äußern, und die sich, wie dargelegt ward, aus dem Mangel an normalen künstlerischen Bedingungen erklären.

Die dritte Phase, welcher wir uns nunmehr zuwenden, bezeichnen wir als die einer Wiederbelebung koloristischer Ideale, und hier ist es, wo uns die französische Kunst nach ihrer besonderen Bedeutung erscheint. Darf man auch in Frankreich im Allgemeinen ähnliche Richtungen wie in Deutschland, nämlich Klassizismus und Romantik, in der ersten Hälfte des XIX. Jahrhunderts erkennen, so machen sich in der künstlerischen Auffassung doch nicht unwesentliche Unterschiede geltend. Und es wird sich gewiß nicht leugnen lassen, daß dort ein Element eintrat, welches, förderlich und entwicklungsfähig, der französischen Malerei einen Vorsprung vor der deutschen gab: das der Farbe! Die edle und feinfühlige, aber im Wesentlichen noch zeichnerische Kunst *Ingres'* ward abgelöst durch die eines hochbegabten Mannes, der, inspirirt von Rubens – denn auch hier handelt es sich um Anknüpfung an große Schöpfungen älterer Zeit –, als der Erste im XIX. Jahrhundert mit vollem Bewußtsein und großer Kraft der Farbe die Herrschaft ertheilt. In ihr findet er die Sprache, welche dem Geist einer von mannigfaltigen künstlerischen und intellektuellen Interessen bewegten Gesellschaft entspricht. *Delacroix,*

dem *Géricault* suchend vorangegangen war, ist unzweifelhaft einer der größten Maler der neueren Zeit, seine Leistungen stellen Alles, was damals in Deutschland versucht wurde, durchaus in den Schatten. Eine Reihe von Künstlern schloß sich an ihn an, die, nicht von gleicher Bedeutung, seine Auffassung historischer und dichterischer Vorwürfe verflachen.

Mit der Nachfolge, die sie – ich nenne *Delaroche* und *Couture* – in Deutschland finden, beginnt hier der Einfluß Frankreichs. Wir dürfen ihn in jenen Zeiten wohl heilsam nennen, da er ideale Bestrebungen gefördert hat. Aber freilich konnte es da auch zugleich nicht an Erscheinungen fehlen, welche, wie die Geschichtsmalerei *Pilotys,* die Verirrung in das hohle anspruchsvolle Theatralische oder, wie *Makarts* üppige Dekorationsstücke , in die Farbenschwelgerei zeigten.

Eine zweite und wichtigere Anregung von Frankreich her folgte. Die romantische Richtung des Delacroix und seiner Nachfolger wurde dort abgelöst durch eine koloristische Landschaftsmalerei, welche den Hinweis auf Farbe und Licht in der Natur von der holländischen Kunst des XVII. Jahrhunderts und von späten Nachfolgern der Holländer in England empfing. Es ist jene Gruppe von Malern, die in der Nähe von Fontainebleau in Barbizon ihren Aufenthalt nahm, und die in der Geschichte der französischen, wie der neueren Kunst überhaupt, eine rühmlichste Stellung einnimmt. Da bringt *Jean François Millet* die Verherrlichung der großen, einfachen Züge des Volkslebens in einer feierlichen, schwermüthig anmuthenden Auffassung der Natur, einen Einklang zwischen persönlichem Seelenleben und Landschaftserscheinungen, den man wohl als eine neue Errungenschaft der Kunst aufgefaßt hat. Mit Unrecht, denn das künstlerische Ideal war schließlich kein anderes als das der Holländer, nur daß Millet mit seiner eigenthümlichen monumentalen Anschauung und mit seiner Sehnsucht nach dem großen Natürlichen, dem Bauernleben eine ernste Bedeutung verlieh, die diesem in der holländischen Kunst, in der kraftvollen, übermüthigen Zeit einer humoristischen, phantastisch gewaltsamen Auffassung des Landvolkes nicht zuerkannt worden war. Und hiermit trat freilich etwas Lebenskräftiges ins Dasein. Es war ein Einblick in das geheimnißvolle Walten des Menschlichen in einfacher, ursprünglicher Form und bei primitiver Kulturbeschäftigung, ein gefühlvolles Beziehen der Größe solcher Thätigkeit in der Natur auf die Umgebung. Und indem Millet diese seine herrlichen Bilder malte, waren es andere Künstler, die gleich ihm, aber mehr auf die Landschaft sich beschränkend, und gleich ihm mit den Holländern der Ruisdaelschen Epoche wetteifernd, dem Stimmungsgehalt der Natur neuen Ausdruck verliehen, aus eigenem feinen Empfinden bestimmte landschaftliche Ideale gestaltend. Da entstanden die träumerischen, duftigen Werke des zartsinnigen *Corot*, die dichterischen Naturerlebnisse *Rousseaus, Daubignys, Dupres'* und Anderer.

Hier war eine edle künstlerische Auffassung, hier der Beweis dafür gegeben, daß nur vermittelst der Farbe und des Lichtes die Seele der Landschaft erweckt werden konnte, hier fand das Verlangen des modernen Menschen, wie einst bei den Holländern, eine natürliche und achte Befriedigung in der Malerei. Schon aber erscheint auch der Maler, den ich als den kraftvollsten unter den Franzosen des XIX. Jahrhunderts bezeichnen mochte, *Courbet*, der mit einer gewissen Gewaltsamkeit des Schauens sich der Wirklichkeit zu bemächtigen suchte und seine erstaunliche malerische Fähigkeit einem starken, unerschrockenen Naturstudium dienstbar machte.

Eindrücke von der Kunst dieser Meister, sowie ihrer Vorbilder, der Holländer, und anderer koloristischer Schulen vergangener Zeit waren es, die auf die Einflüsse Delacroixscher Richtung in Deutschland folgten, und in verschiedenen Schulen, am stärksten bald in München, erhob sich ein neues Streben, das, auf koloristische Stimmungswirkungen gerichtet, in bedeutenden Persönlichkeiten hervortritt, die alle einzeln anzuführen und zu charakterisiren uns zu weit führen würde. Ich nenne den geistvollen Porträtisten einer großen Zeit, *Franz von Lenbach*, dessen malerisches Ideal sich aus der Verwerthung verschiedenartiger älterer Stilelemente in eigenthümlicher Weise entwickelt. Man ist in neuerer Zeit vom Standpunkte des Naturalismus dazu gekommen, seine Kunst geringschätzig zu behandeln. Mit Unrecht, denn das Studium alter Meister, durch das er sein eigenes bedeutendes koloristisches Gefühl erzog, hat ihn doch nicht an einer lebhaften Intuition und scharfen Beobachtung verhindert, mögen diese Fähigkeiten in seinem höheren Alter auch nachgelassen haben. Ich nenne *Eduard von Gebhardt*, der mit einer tiefen und ergreifenden Empfindung, an der germanischen Kraft und Inbrunst der Niederländer des XV. Jahrhunderts sich erhebend, das Religiöse zu beleben bestrebt ist. Ich weise auf *Gabriel Max, F. August Kaulbach, Bruno Piglhein* hin. Auf *Ludwig Gurlitts* und *Andreas Achenbachs* neues Landschaftsideal, auf *Schleich, Wenglein, Schönleber*. Ich erwähne, in den Namen mich beschränkend – denn sonst könnte ich, Einen oder den Anderen vergessend, mich der Ungerechtigkeit schuldig machen – nur allgemein und überhaupt den großen Aufschwung der landschaftlichen Stimmungsmalerei, dem so viel Eindrucksvolles verdankt ward, und der Genrekunst – *Knaus, Defregger, Vautier, Diez* –, die mit ihr wetteifert, freilich häufig nicht frei vom Sentimentalischen und allzu oft im Wahn einer Idealisirung des Volkslebens im Sinne formaler Schönheit befangen.

Daneben aber zeigt es sich, wie auch klassische und romantische Vorstellungen weiterleben, wie eine Vermählung dieser Vorstellungen mit den neuen koloristischen Prinzipien eintritt und wie Versuche gemacht werden, ob sich nicht doch ein idealer Stil der Figurenmalerei herausbilden ließe. Zwei Persönlichkeiten sind es, die neben der einen großen von Böcklin, dem wir ja noch unsere besondere Aufmerksamkeit schenken wollen, sich besonders geltend machen. Die eine ist der von einem stolzen Gefühl geschwellte und hoher Bestrebungen volle *Anselm Feuerbach*, dessen Kunst im Anfang auf etwas so Neues auszugehen schien, daß uns sein späteres Schaffen wie ein Scheitern feurigen jugendlichen Wollens gemahnt. Das Koloristische, angewandt auf ideale Menschenerscheinungen in großer Natur, ward sein Ziel. Aber auch er verfiel, mochte ich sagen, dem Fluch, mit dem diese ganze Kunst des XIX. Jahrhunderts belastet zu sein schien. Nicht naiv und kräftig genug, seine hochgewählten klassischen Vorwürfe mit vollem Leben zu erfüllen, gerieth er in das Pathetische, unter dessen erkaltendem Einfluß die Farbenfreudigkeit allmählich erstarb. Neben ihm der andere, absonderliche, nicht eigentlich zu künstlerischem Vollbringen, wohl aber zum Anregen bestimmte Mann: *Hans von Marées*. Ein Künstler, der, trotz starker Begabung, über der Formulirung großgefaßter Formprobleme, die auf Vereinfachung der Erscheinungen und Gesetzmäßigkeit der Raumgestaltung ausgingen, nicht zu einer vollkommenen Aussprache und Verwirklichung seiner künstlerischen Gedanken gelangte, bei dem die Reflektion hemmend wirkte, dem aber viele Belehrung Suchende werthvolle Aufschlüsse über Stil und Formengesetz verdankten. Wer des Bildhauers *Adolf Hildebrand* strenge Kunst und sein werthvolles Buch über das Problem der Form bewundert, wird auch des Malers nicht vergessen, der mit erregtem Bemühen um feste Bestimmungen der Gestaltung rang.

Zwei Einzelerscheinungen endlich sind es auch, aber ganz anderer Art und in höherem Grade deutsch, die am Schluß der kurzen Betrachtung dieser Periode noch vor unserem Blicke auftauchen. Man hat sie beide, so verschieden ihr künstlerisches Streben gewesen, wohl als Naturalisten bezeichnet und mit einem gewissen Recht, erscheint es auch gerathen, mit diesem viel mißbrauchten und mißverständlichen Wort sparsam umzugehen: *Adolf Menzel* in Berlin und Leibl, der in München seine Heimath fand. Menzel ist eine der originellsten künstlerischen Persönlichkeiten des Jahrhunderts, von ausgeprägt norddeutscher Art, charakteristisch für das, was das Preußenthum , was Berlin künstlerisch leistet, wenn es ganz dem eigenen Triebe folgt. Schon früher hatte sich dies einmal glücklich geltend gemacht: in jenen klaren, sicher charaktervollen Statuen, die *Gottfried Schadow* geschaffen hat. Erstaunlich unabhängig hat Menzel in früher Jugendzeit Probleme des Lichtes in seiner Malerei behandelt, die erst jüngst zu allgemeiner Beachtung gelangten. Auch später immer wieder mit überraschender Unvoreingenommenheit an die Schilderung der Wirklichkeit herantretend, verfügte er aber doch zugleich über eine so lebendige, blitzartig gestaltende Phantasie, daß es ihm möglich ward, in geistreichsten Leistungen die große Vergangenheit des Preußenthums, in dessen Boden er selbst so fest wurzelte, erstehen zu lassen. Auch in Bezug auf die Kunst dieses Meisters gilt das, was ich vorhin von einem anderen sagte, daß Beurtheiler, die auf einseitigem Standpunkte modernster Kunst stehen, seine Bedeutung auf dem ihm eigensten Gebiete verkennen und seine besondere Begabung: die Vielseitigkeit und Schärfe der Beobachtung, den Witz, der ihn bei der Betrachtung unserer konventionellen Gesellschaft bis zur Ironie führt, künstlerisch nicht hoch genug anschlagen, weil sie, bloß Farbe und Licht gelten lassend, von dem Künstler verlangen, er hätte sich aus jenen Anfangen malerischer Wirklichkeitsstudien bis zum vollen Impressionismus entwickeln sollen. Man betrachtet ihn als einen Abgefallenen, einen von der großen Bahn künstlerischen Heiles Abgewichenen. So weit können unduldsame Dogmen führen.

Ging Menzel ganz seine eigenen Wege, so verdankt *Wilhelm Leibl* gewiß viel seinen in Paris gemachten Studien, und doch erscheint mir unleugbar, daß seine Kunst hohe Bedeutung erst von dem Augenblicke an gewann, als er sich vom französischen Einfluß befreite und mit herrlicher Naivetät, lebhaftem Gefühl für Farbe, schärfstem Auge und hingebendem Sinn für die Erscheinungen des Bauernlebens seinem feinen Pinsel dessen Schilderung anvertraute. Mit solcher Gewissenhaftigkeit und Wahrheit, daß, wenn uns auch die getreueste Wiedergabe aller Details der Erscheinungen bis zum Extrem getrieben dünkt, doch eben diese Liebe der Betrachtung es ist, die für unser Gefühl bestimmend wird und bei ihm, wie bei Menzel uns als charakteristisch deutsch berührt.

*

In den siebziger Jahren tritt jene vierte, neueste Richtung ein, mit der wir heute noch in einem unmittelbaren Zusammenhang stehen, die Kunst, die man den *Impressionismus* genannt, die man als *Naturalismus*, als *die Moderne* bezeichnet hat. Wir stehen vor der entscheidenden Frage, die uns gleich Anfangs beschäftigte: wie sollen wir diese Kunst definiren und auffassen? Die erste Antwort lautet: eine kurze Definition ist gar nicht möglich. Kann man auch das Wesentliche in dem Prinzip einer unmittelbaren Naturnachbildung finden, die, unvoreingenommen durch irgend welche Vorstellungen, nur sich selbst Zweck ist, so haben sich doch viele und verschiedene Erscheinungen seit etwa 1870 geltend gemacht, ja so viele, daß selbst eine Gruppirung nach einzelnen Hauptelementen schwer durchführbar erscheinen dürfte. Von der Reaktion des Symbolismus und des stilisirenden Dekorativismus ganz abgesehen, überstürzt man sich in der Sucht nach immer Neuem so, daß schließlich als charakteristische Bezeichnung: *die Moderne* einzig dem Ganzen zu entsprechen schien. Oder auch, man hilft sich in neuerer Zeit in Deutschland damit über die Schwierigkeit hinaus, daß man kurzweg von *Sezessionismus* spricht. Sezessionisten waren die jüngeren Elemente, die sich von den älteren lösten, aus den alten Kunstverbänden, welche den neueren Bestrebungen feindlich gesinnt waren, austraten. Sezessionismus ward Schlagwort. Man muß gestehen, daß es ein recht unglückliches war, denn nach Bestreben und künstlerischem Werth ganz Ungleiches, wie es die Sezessionsausstellungen zeigen, ward so zusammengeschweißt und die Meinung des Publikums verwirrt. Wenn wir mit manchen Sezessionsfeinden dem Allen die Berechtigung aberkännten, waren wir unsinnig! Vielmehr gilt es da sehr im Einzelnen zu unterscheiden. Da aber gewisse prädominirende Gemeinsamkeiten in Bezug auf Naturauffassung, auf Farbe und Licht doch hervortreten und diese auf den Impressionismus zuzückzuführen sind, so halten wir uns für die Beurtheilung. der neueren Erscheinungen an jene hauptsächliche, die als Impressionismus bezeichnet wird und so getauft ward, als sie die älteren Richtungen ablöste. Die neuesten künstlerischen Vorgänge werden wir erst zum Schlusse unserer gesamten Betrachtungen kurz ins Auge fassen. Das Meiste, was ich über den Impressionismus sage, gilt auch für sie, wenn auch in ihnen der Phantasie wieder eine größere Rolle, aber freilich in ganz besonderer Weise, zuertheilt wird.

Noch einmal: was versteht man unter Impressionismus? Eine eigentliche befriedigende Definition habe ich, wie gesagt, nicht gefunden, auch nicht bei den Vertretern dieser Richtung. Gewöhnlich aber faßt man sie neuerdings in die Worte: *der Impressionismus stelle die Dinge so dar, wie sie uns erscheinen, nicht, wie sie wirklich sind.* Eine sehr unklare, weil gänzlich unphilosophische Definition. Alle Kunst hat von jeher die Dinge dargestellt, wie sie erscheinen und andererseits: alle Wirklichkeit ist doch nur Erscheinung. Das sagt also Nichts. Wie lauten die anderen Behauptungen, die für das Prinzipielle dieser Kunst geltend gemacht werden, dieser Kunst, die in den siebziger Jahren durch *Edouard Manet* ihren Anfang nahm, die zuerst gerichtet war auf eine von allen Phantasievorstellungen absehende Wiedergabe der Wirklichkeit und hierin im Zusammenhang stand mit der realistischen Literatur, vor Allem mit Zola, und die dann umschlug in die Beschäftigung mit phantastischen, symbolistischen Vorstellungen und in extreme stilistische Versuche?

Welche Thesen sind bezüglich ihrer aufgestellt worden? Ich nenne zuerst das Schlagwort: *l'art pour l'art*. Die Kunst um ihrer selbst willen. Was heißt das? Wieder stehen wir vor etwas Bedenklichem. Eine künstlerische These, wie diese hochgefeierte und besinnungslos angenommene, ist wohl niemals zuvor aufgestellt worden. Daß dem Künstler beim Schaffen sein Werk Zweck an sich ist, versteht sich von selbst. So ist es aber nicht gemeint. Es bedeutet ein Sichfreimachen der Kunst von aller Rücksichtnahme auf andere Zwecke, als das künstlerische Schaffen selbst. In allen großen Kunstepochen hat man die Kunst betrachtet als dienend den höchsten Angelegenheiten des Menschengeistes, sei es der Religion, sei es im Allgemeinen der Gefühlserhebung über die Verstandesthätigkeit und die Wirklichkeit, immer dienend der Seele, weil seelischem Bedürfniß entstammend – und nun? L'art pour l'art. Ja, schaut man scharf zu und übersetzt es in gutes *Deutsch*, so heißt es nichts Anderes als: *Virtuosität!* Denn eine Kunst, die nur um ihrer selbst willen betrieben wird, ist eine solche, die ihre Aufgabe nur in höchster Geschicklichkeit sieht. Eine Kunst, die, sich selbst genug, von allen Aufgaben, die sie sonst gehabt, absperrt das ist kurz eine die Größenwahn bekommen hat! Sie sehen, auch nur auf diese flüchtigen Andeutungen bin: l'art pour l'art ist ein kunstfeindliches Gebot, denn Virtuosität ist Vernichtung des wahrhaft Künstlerischen.

Nun giebt es aber eine zweite, nicht minder verbreitete und bewunderte These, die aus dem Munde Zolas stammt. Sie lautet, *das Kunstwerk sei ein Ausschnitt der Natur, durch ein Temperament gesehen.* Da muß ich nun wirklich sagen: man suche bei den Ästhetikern aller Zeiten – eine so kümmerliche, ja erbärmliche Definition von dem, was Kunst ist, wird man nicht leicht finden. Denn in ihr ist weder im Einzelnen: *Ausschnitt der Natur* und *Temperament* – selbst wenn wir Temperament im günstigsten Sinne als Gefühl auffassen wollten –, noch im Ganzen von Künstlerischem die Rede. Ein durch ein Temperament gesehener Naturausschnitt ist noch lange kein Kunstwerk.[1]

Was behaupten nun aber die Vertreter des Impressionismus im Besonderen von dessen Eigenthümlichkeiten und Vorzügen? Meist sehr unbestimmte Dinge, über die zu referiren schwer ist. Doch haben einige Sätze neuerdings eine eingehendere Formulirung erhalten. Da heißt es zunächst, daß *diese Kunst nur an die Sinne sich wendet.* Ja, wirklich, dergleichen wird ausgesprochen. Betrachten wir dies auch, wie recht und billig, nur als eine übertreibende Äußerung, so haben wir sie doch zu berücksichtigen, denn sie enthält ein gut Theil Wahrheit. Und an wie beschaffene Sinne? Die Antwort lautet, *unser Gesichtssinn besitze ein viel komplizirteres Wahrnehmungsvermögen*, als es je existirt habe, und diesem entspräche die moderne Kunst. Als ich kürzlich diesen Satz gelesen, bin ich erschrocken. Wie? Lese ich recht? Wir bilden uns ein, unser Gesichtssinn sei feiner ausgebildet, als in den Zeiten, welche die großen hellenischen Werke entstehen sahen oder die Werke der Renaissance oder die

---

[1] Es ist mir zum Vorwurf gemacht worden, daß ich Meier-Graefes Definition des Kunstwerkes nicht beachtet habe. Diese lautet: Das Kunstwerk ist das letzte Resultat einer gesetzmäßigen Wirkung besonderer Einheiten, um eine Erscheinung bildlich darzustellen. Das Gesetz der Wirkung dieser Einheiten folgt aus dem Material, die Wahl der Einheit aus der Persönlichkeit des Künstlers. – Was sagt Herr Thode nun? Er sagt, daß man eine Definition, die einen gröbsten Verstoß gegen die Grammatik enthält, doch nicht ernst nehmen kann. Ein Resultat (oder eine Wirkung?) – um etwas zu thun!! Er sagt aber weiter, daß er dem Satz, selbst wenn er ihn ins Deutsche zu übersetzen bemüht ist, keinerlei Sinn zu entnehmen vermag. Einheiten, welche wirken!! Das könnten doch nur Leibniz'sche Monaden sein. Man glaubt auch Anfangs, daß Meier-Graefe sich dergleichen vorgestellt, denn er bittet uns, sie uns nach Art der Moleküle zu denken, dann aber betont er ihre abstrakte Art, mit der überraschenden Hinzufügung: wir spürten etwas dem Organischen, das ihnen anhaftet, und entdeckten sie als die Gemeinschaft, in der der Künstler lebt. Also diese halb abstrakten, halb organischen Mischwesen, die übrigens zu dem Künstler wie Theile seines Körpers gehören, organisch mit ihm wachsen und mit ihm zu Grunde gehen, bringen das Kunstwerk hervor nach einem Gesetz, das aus dem Material folgt. Arme kleine Kreaturen, bestimmt, so Großes zu schaffen, und doch so unfrei: nicht genug damit, daß sie mit dem Künstler verwachsen sind, nein! in diesem bejammernswerthen Zustande haben sie auch noch den Anweisungen eines geheimnißvollen Unbekannten zu pariren! Glücklicher Künstler, der sich darauf beschränken darf, unter ihnen die Wahl zu treffen, und sich dann auf die Bärenhaut ausstrecken kann!

der holländischen Malerei? Gerade das Gegentheil! Weil wir in einer Zeit leben, in der die bildende Kunst nicht in gesunden Bedingungen wurzelt und sich an Vollendung auch nicht entfernt mit der jener Perioden vergleicht, hat die Feinfühligkeit unseres Auges gegen damals in erschreckender Weise abgenommen. Ich spreche jetzt von der Allgemeinheit, nicht von einzelnen bevorzugten Künstlern. Jeder Besuch einer Ausstellung, jedes Vernehmen der Urtheile, die dort abgegeben werden, ist eine Bestätigung dafür. Weder für die Linie, noch für die Farbe besitzen wir mehr jene Empfindung, die in glücklicheren Zeiten so sensitiv war. Jeder von uns, der sich lebhaft mit bildender Kunst beschäftigt, weiß, was es für Mühe kostet, sein Auge zu erziehen, selbst wenn es begabt ist. Unser anderer künstlerischer Sinn, das Gehör, ja! von dem darf man behaupten, daß er erstaunlich ausgebildet ist, und dies ist kein Zufall, denn er hat sich mit und dank der Musik, der großen Kunst unserer Kulturperiode, entwickelt! Aber das Auge nicht! Aber freilich, es wird ja auch von *Wahrnehmungsvermögen*, das heißt von verstandesgemäßem Auffassen der Erscheinungen gesprochen, und da mag der Satz gelten! Künstlerische Auffassung aber ist *Anschauung*. Also um Wahrnehmung, nicht um Anschauung handelt es sich bei dieser Kunstrichtung – wir befinden uns auf dem Gebiete des Verstandes. Die These wirft auf den Impressionismus ein sonderbares Licht. Und dieses wird noch verstärkt, hören wir eine weitere Erläuterung, wie diese: in solcher neuen Kunst käme endlich das *normale* Auge zu seiner Berechtigung.

Das Zweite, was uns gerühmt wird, ist die jetzt erst erreichte Vollkommenheit in der Wiedergabe von Luft und Licht und die ganz *neue Auffassung der Licht- und Farbenwerthe*, als der Elemente, die den augenblicklichen Eindruck bestimmen. Dies wird so laut und eindringlich immer wieder betont, daß hier unzweifelhaft der ganz besondere Anspruch des Impressionismus auf Werthschätzung vorliegt. Was das Erste betrifft, so fragt man sich unwillkürlich: ist Licht und Atmosphäre früher nicht so überzeugend wiedergegeben worden? Und da tauchen vor unserem Blicke die unvergleichlichen Schöpfungen der Salomon Ruisdael, van Goyen, Cuyp und Jan Vermeer auf, in denen wir ein so zartes Vibriren der Luft, ein so feines Bestimmen der Gegenstände durch das in der Atmosphäre waltende Licht gewahren, daß man nicht glaubt, ein Pinsel in menschlicher Hand habe es geschaffen. Ich führe nur holländische Beispiele an. Aber hat nicht schon die italienische Kunst Wundervolles dergleichen gebracht? Und das wird Alles nur als Vorstufe betrachtet? Ich fand es ausgesprochen: *die alte Kunst habe nur Beleuchtung gegeben, nicht das Licht selbst.* Neue und weite Bahnen sollen durch Velasquez erschlossen worden sein. Und an ihn, an die Spanier knüpften die an, welche die Darstellung des Atmosphärischen als Problem der Farbenkunst aufstellten. Gewiß, Velasquez hat wahre Wunder darin geleistet. Aber die große Frage ist, ob es künstlerisch berechtigt war, ihn zum Ausgangspunkt zu nehmen – denn um ihn, nicht um Rembrandt, so oft man diesen unter den Ahnen der neuesten Kunst genannt findet, handelt es sich. Nun! Nach meinem Dafürhalten und wohl dem Aller seit langer Zeit, die sich mit der Entwicklungsgeschichte beschäftigen, ist Velasquez, wie Rembrandt, eine allerhöchste und letzte Erscheinung in einem großen Entwicklungszusammenhang. Von einem solchen letzten und höchsten Gipfel künstlerischer Gestaltung bestimmter Ideale aus noch weiter höhere erstreben zu wollen, scheint mehr als verwegen. An Meister wie diese anzuknüpfen ist nicht allein gefährlich, sondern in wahrem künstlerischen Sinn unmöglich. Wenigstens haben alle derartigen Versuche bisher nur zu künstlerischen Übertriebenheiten geführt. Gleichwohl, von Velasquez ist man ausgegangen und hat seiner Kunst die Berechtigung des neuen Prinzips, das dem Schaffen zu Grunde gelegt ward, entnommen. Was man aber nicht von ihm übernommen hat, ist die wunderbare Durchführung und Vollendung, durch welche dieser Große, wie alle Großen, die Einheit der Anschauung gewahrt hat.

Der angebliche Fortschritt in der Luft- und Lichtmalerei ist vielmehr eine Verirrung. Indem man das Licht selbst – nicht die *Beleuchtung* – malen wollte, ward man naturgemäß zur Wiedergabe solcher Erscheinungen gedrängt, in denen man die Thätigkeit des Sonnenlichtes gleichsam erhaschen konnte in der Vielheit und Mannigfaltigkeit aufblitzender Momente. An Stelle ruhiger Einheitlichkeit trat flackernde Unruhe.

Was aber die gerühmte Entdeckung der Farbenwerthe von Licht und Schatten betrifft, so muß wenn auch neue Wahrnehmungen hierin nicht bestritten werden können wohl die Frage aufgeworfen werden: haben die großen Meister der Lichtkunst diese Farbigkeiten nicht gesehen? Das will mir doch eine sehr gewagte Behauptung erscheinen. Hätten sie nicht vielmehr etwa mit Bewußtsein auf die Wiedergabe solcher Erscheinungen verzichtet? Und zwar im Hinblick auf die einheitliche, ruhige Wirkung ihrer Werke, unbekümmert um die wissenschaftliche Naturwahrheit, der zu Liebe die Neueren sich vor Buntheit nicht scheuen. Vermieden die Alten nicht gerade aus solchen Rücksichten die heutzutage besonders gesuchten Sonnenlichtphänomene?

Aber, so höre ich mir einwerfen, diese Licht- und Farbenprobleme schweben nicht in der Luft, sondern erhalten ihre Begründung durch ein ganz bestimmtes künstlerisches Prinzip, welches sich auf *die Art des Sehens* bezieht. Der Impressionismus will einen Ausschnitt aus der Natur so wiedergeben, wie wir ihn sehen, wenn wir nicht bestimmt eine Erscheinung ins Auge fassen, also nicht den Blick auf diese so richten, daß die Sehlinien konvergiren, sondern wie wir ihn sehen, wenn die Sehachsen parallel oder wenigstens annähernd parallel eingestellt sind. Ganz recht, das ist ein Prinzip, aber ist es ein künstlerisches? Ein solches Sehen ist ein verschwommenes, wir sehen alle Gegenstände unbestimmt. Ja, wir sehen eigentlich nicht. Menschen, die so sehen, sind in Gedanken entrückt, ihr Gesichtssinn ist depotenzirt. Und nun sollte es künstlerische Aufgabe sein, sich wider die Natur zu zwingen, die bei solchem *verlorenen* Sehen empfangenen Sensationen wiederzugeben? Denn es gehört Zwang dazu. Aus etwas so Widerspruchsvollem sollte das Kunstwerk entstehen? Der Betrachter also, der vor einem Gemälde gerade seiner Sehkraft sich freuen will, soll genöthigt werden, etwas so anzusehen, wie er es ansieht, wenn er nicht mit Bewußtsein sieht? Eine erstaunliche Zumuthung, die dem künstlerischen Bedürfniß nach deutlicher Anschauung direkt entgegen ist. Die Frage läuft auf eine andere hinaus, die ich gleich noch besprechen werde. Bei solchem Sehen – das ist das Entscheidende – ist nämlich nicht nur die Verstandes-, sondern auch die Phantasiethätigkeit ausgeschlossen, denn die Sinnesempfindung, die einem vagen Traumbild gleicht, liefert ihr kein Material zu Vorstellungen. Bloße Sinnesempfindung, wie wir früher sahen, ist noch kein künstlerischer Eindruck.

Daß solchen Studien nach der Natur Manches verdankt wird, daß einzelne bedeutende Künstler Interessantes und Hervorragendes geschaffen haben – ich möchte dies laut aussprechen –, würdige ich wohl. Die schnell, ja von Anfang an eintretenden extremen Ausartungen aber zeigen, daß an der Art und Weise der Stellung des Problems etwas künstlerisch Unrichtiges war.

Mit der These, betreffend Licht und Luft, hängt eine weitere zusammen, welche besagt, daß der Künstler, dem es einzig auf Licht und Atmosphäre ankommt, und dem die Farbe nur in dieser Hinsicht Werth hat, in seinem Werke ungebundene Elemente giebt, deren Synthese, das heißt einheitliche Zusammenfassung, von dem Beschauer vollzogen wird. Hierauf komme ich später. Gesellt wird der Satz von einer *größten Vereinfachung*. Gewiß: alle Kunst besteht in Vereinfachung im Hinblick auf klare Einheit des Eindruckes, und sie ist von allen Künstlern immer gebracht worden. Aber die Vereinfachung, um die es sich hier handelt, ist etwas Anderes. Sie geht so weit, daß ihr bloße Andeutungen, gegeben mit einzelnen Pinselstrichen, genügen und die Erscheinungen zerfetzt werden. Und dann wieder zeigt sich bei anderen impressionistischen Künstlern doch auch gerade das Gegentheil: eine Überfülle von Farbentheilchen, die erst unser Auge zur Einheit zwingen soll.

Als Letztes endlich macht sich, wie eine Konsequenz aller angeführten Prinzipien, die Behauptung geltend: das Gegenständliche der Darstellung ist gleichgültig. Von deren höchst bedenklicher Bedeutung in künstlerischem und in kulturellem Sinne wird noch die Rede sein. – –

Der Augenblick ist gekommen, da wir, zum Schlusse, unsere früher gewonnenen Gesichtspunkte, den ästhetischen und den psychologischen, der aus der Definition dessen, was deutsch ist, sich ergab, auf diese moderne Malerei anwenden. Zuvor aber betone ich nochmals Folgendes.

Die Erscheinungen dieser Kunstrichtung sind sehr verschiedenartige und, wie in den früheren Phasen der Malerei des XIX. Jahrhunderts, treten auch jetzt einzelne Persönlichkeiten hervor, deren Begabung die Aufmerksamkeit erregt. Es wäre eine Unsinnigkeit, an ihnen ohne Weiteres vorbeigehen zu wollen. Wir finden sie in Frankreich und in den anderen von dort beeinflußten Ländern überall da, wo – ich mochte sagen, den Prinzipien zum Trotz – Künstler gefühlvoller Art diese harte und spröde Formensprache zum Ausdruck seelischer Stimmung zwingen. Und weiter, wie schon bemerkt, ist nicht zu übersehen, daß schnell hinter einander verschiedene Formulirungen der Prinzipien, gemäßigtere und extreme, eingetreten sind. Die Freilichtmalerei, in der die Wirkungen ganz hellen Lichtes studirt würden, war die erste. Sie drang nach Deutschland ein und eroberte sich schnell ihre Stellung. Vornehmlich durch zwei Männer, welche die ersten ausgesprochenen Vertreter des Plein air bei uns wurden, ihrer Art nach aber durchaus verschieden sind: Max Liebermann und Fritz von Uhde.

Max Liebermann hat seine Anregungen von der holländischen und französischen Malerei erhalten, nachdem er zuvor seine Studien in Deutschland gemacht, und er hat dauernd an dem, was ihm damals als künstlerisches Ideal im Auslande aufging, festgehalten. Er knüpfte besonders an Israels an und verfolgte unbeirrt seinen Weg weiter bis auf den heutigen Tag. Seine Arbeiten zeugen von großer Geschicklichkeit – das ist frei anzuerkennen – und von einem andauernden Studium der Naturphänomene, die ihm als die wichtigen erschienen. Von dieser Seite betrachtet, ist er eine markante und interessante Persönlichkeit. Fragen wir uns aber vom Standpunkt unserer allgemeinen Betrachtungen aus: ist er in seiner Kunst von deutscher Eigenart? so müssen wir diese Frage verneinen. Liebermann könnte gerade so gut in Holland oder in Frankreich arbeiten und zu Hause sein, etwas ausgesprochen Deutsches ist bei ihm nicht vorhanden. Bei aller Geschicklichkeit der Technik und Finesse des Lichtes zeigt seine Kunst keine Originalität. Er bringt Dinge, die alle schon vorher gegeben worden waren und die er nur in persönlicher Weise weitergebildet hat.

Hierin unterscheidet sich der Andere, der die französische Freilichtmalerei sich zu eigen machte, sehr wesentlich von ihm: *Fritz von Uhde*. In ihm zeigt sich, bei Behandlung verwandter Probleme, das deutsche Wesen stark wirksam. Ihm genügte die einfache Abspiegelung der Wirklichkeit nicht, er ging weiter und übersetzte das Fremde in deutsche Gefühlssprache. Indem er die schlichte Wirklichkeitsdarstellung auf religiöse Vorstellungen anwandte, gerieth er freilich in einen verhängnißvollen Konflikt, aber, was er zu erreichen suchte, indem er die Gestalt des Heilandes in unsere Zeit übertrug und sie in Beziehung zu den Armen und Bedürftigen unserer Welt setzte, war ein Hohes und Edles. Über den Widerspruch zwischen der Idealfigur und der zeitlichen Realität ist er nicht hinausgekommen.

Inzwischen entwickeln sich aber die Dinge in Frankreich in schnellem Verfolg. Mehr und mehr treten koloristische Probleme in den Vordergrund so bei *Monet, Renoir, Degas* und Anderen und man kommt zu solchen Extremen, daß eigentlich nur noch mit Farbenflecken operirt wird. Zugleich tauchen bestimmte Theorieen auf, welche die Anwendung unvermischter Spektralfarben, die Auflösung des Lichtes in die verschiedenen Farben gebieten. Immer unverbundener werden die Farbenpartikel in bunter Mannigfaltigkeit neben einander gesetzt, alle Formen in einzelne blitzende Punkte aufgelost. Man pflegt diese Theorie und Manier, durch *Seurat* aufgestellt, als die des Neo-Impressionismus zu bezeichnen. Bei Anderen verflüchtigen sich Formen und Farben zu nebulosen Erscheinungen. Und schließlich haben wir nur noch ein Flimmern und Flattern von Farben vor Augen.

Die Frage kehrt wieder: ist alles dies Kunst in dem Sinne, wie wir in unseren einleitenden Betrachtungen Kunst definirt haben? Diese waren so allgemeiner Art, daß von irgend einem einseitigen philosophischen System nicht die Rede sein konnte, sondern nur von den Ergebnissen einfachster und natürlichster Erfahrung: der Feststellung, daß zwei Faktoren bei der künstlerischen Empfängniß zusammenwirken: Sinnlichkeit und Phantasie. Ist dies im Impressionismus der Fall? Nein! Durch die eine erwähnte These wird es von Vertretern dieser Richtung unvorsichtig, aber offen bekannt: man wendet sich nur an die Sinnlichkeit. Impression ist also nur als sinnliche Empfindung zu interpretiren. Faßt man das Wort nach seiner stärkeren Bedeutung auf, als Eindruck, welchen die Phantasie und damit das Gefühl vermittelst der Sinne empfängt, *so ist alle Kunst Impressionismus*, denn alle Kunst beruht auf Eindrücken und ist ein gesetzmäßiger Ausdruck dessen, was durch Eindrücke gewonnen ward. *Die Bezeichnung Impressionismus also ist eine mißverständliche und unzutreffende*. Ich mochte vorschlagen, statt dessen *Sensationismus* zu sagen. Denn es handelt sich um bloße Sensationen, um Sinnlichkeit mit möglichstem Ausschluß der Phantasie.

Nun frage ich: ist das wahre Kunst? Heiß das ein künstlerisches Prinzip? Nein! Von jeher ist doch die Phantasie als die künstlerische

Schaffenskraft betrachtet worden, welcher die sinnlichen Anschauungen nur dienen. Und hier eine bloße Thatsachenfeststellung, der gegenüber die Phantasie des Beschauers nur auf die allergeringste Bethätigung, nämlich auf die Umdeutung des Flachenhaften in räumliche Wirklichkeit, beschränkt ist! Ist unsere Einbildungskraft, die durch die des Künstlers bestimmt wird, nicht in höherem Sinne vor einem Bilde thätig, können wir von künstlerischer Auffassung nicht sprechen. Aber die Phantasie soll eben nicht in solchem Sinne wirken: die Sinnlichkeit allein soll walten – und wie?

Ich möchte noch einmal, um jedem Zweifel vorzubeugen, bemerken, daß ich das Prinzipielle der Frage im Auge habe, und von einzelnen Erscheinungen nur die extremen, diesem Prinzip entsprechenden, nicht solche, bei denen den Thesen zum Trotz das Künstlerische sich geltend macht. Gerade diese Extreme ja sind es, die neuerdings als der Gipfel der Malerei überhaupt gepriesen werden.

Wie waltet *die Sinnlichkeit* in dieser Kunst? Ich kehre da zurück zu dem *Satze von den ungebundenen Elementen*, die wir verbinden sollen. Er ist gar nicht zu begreifen. Ist es doch von jeher gerade des Künstlers Aufgabe gewesen, Ungebundenes zu einer Einheit zu verbinden, und ist es doch eben diese Einheit, die das Kunstwerk ausmacht, indem wir nicht, wie in der Natur, das Ungebundene, sondern das Gebundene sehen, das heißt: anschauen, nicht wahrnehmen. Dies gerade ist das Wesen der Künstlerthat, daß durch sie das Mannigfaltige, Zerstreute in einheitlichen Zusammenhang gesetzt wird. Der impressionistische Künstler vereinfacht wohl, aber er vereinheitlicht nicht.

Was heißt das also: wir sollen die Synthese des Ungebundenen vollziehen? Es heißt: wir selbst erst, wir Betrachter sollen die künstlerische That vollbringen. Also ist eine solche Darstellung kein Kunstwerk, sondern nur das Material zu einem solchen! Und nun denken Sie sich die Konflikte, die in Ihnen entstehen. Befragen Sie Ihre eigene naive Erfahrung: Sie befinden sich vor solchen Bildern in einem Zustande des Unbehagens. Dies erklärt sich einfach aus Folgendem: Sie verlangen einen einheitlichen Eindruck und Sie erhalten ungebundene Erscheinungen. Unwillkürlich versuchen Sie, die vereinheitlichende Thätigkeit auszuüben, aber Sie scheitern daran, daß in dem Bilde ja bereits eine Vereinfachung des Mannigfaltigen in der Natur vorgenommen worden ist, während wir eine Vereinfachung im Sinne der Vereinheitlichung doch nur angesichts dieses Mannigfaltigen und Vielen vornehmen können. Wie sollten wir da, selbst wenn wir willig statt des Künstlers die eigentliche künstlerische Aufgabe auf uns übernehmen, die Vereinheitlichung vollziehen können? Das ist unmöglich und ein Widerspruch. Wir bleiben bei bloßen Wahrnehmungen, unsere Phantasie erhält keine Anschauung.

Und was ergiebt sich nun des Weiteren hieraus? Wir gehen wieder vom Einfachsten, Unbestreitbaren aus, nämlich von dem Satze, daß wir von einem Kunstwerk sinnlich Wohlgefälliges verlangen. Wird es uns durch diese Kunst zu Theil? Nein! Denn solches Wohlgefallen beruht eben auf harmonischer, das heißt einheitlicher Wirkung. Diese kann entweder auf linearen Beziehungen oder auf Farben- und Lichtbedingungen beruhen. Das Lineare spielt naturgemäß in diesen Farbengebilden eine untergeordnete Rolle; wo es, wie in einzelnen neueren Bildern, wieder aufgenommen wird, geschieht es in kindisch primitiver Weise – Betonung von

Parallelen und dergleichen –, die tief beschämt, denkt man, bis zu welchem wundervollen Reichthum der Mannigfaltigkeit in der Einheit die alte Kunst gelangt war. Wie aber steht es mit den Farben und dem Lichte? Das Eine ist bestimmt durch das Andere. Jene oben besprochenen Theorieen führten zur Analyse der Erscheinungen, und die Folge ist, daß statt einer Einigung eine Auflösung eintritt. Von den großen alten Meistern, die das Licht zum Hauptfaktor in ihren Gemälden machten, ward ihm die Aufgabe ertheilt, alle Einzelerscheinungen zu großer einheitlicher Wirkung zu bändigen. Und zu welcher Bedeutung für den Ausdruck seelischen Lebens ward es gebracht! Jetzt, da das Gegenständliche gleichgültig ist und das Licht an sich dargestellt werden soll – als ob das überhaupt möglich wäre! –, da man es behufs dieser Absicht nothwendig gleichsam in große Bewegung versetzen muß, wird es zu jenem Flimmern und Flackern, das eine geschlossene einheitliche, befriedigende Empfindung nicht aufkommen läßt, sondern zerstreuend und beunruhigend in den Farbenerscheinungen wirkt.

Und dazu kommt noch Eines – ich sehe von meiner subjektiven Empfindung, auf welche auch die Farbenzusammenstellungen allgemein als unharmonisch und daher unschön wirken, ab –, die *beunruhigende Technik*! Sie wird zur Schau getragen und macht sich anspruchsvoll bemerkbar. Unvermittelte, häufig roh wirkende Pinselstriche, sich aufdrängende Farbenmaterie. Wenn man die Kenner in den Ausstellungen hört, könnte man meinen, ein Gemälde sei nur der Schaustellung der Technik wegen da. Virtuosität, nicht Kunst! Denn ich wiederhole – daß man eine so einfache Wahrheit überhaupt aussprechen muß! –, so lange wir auf das Technische achten, empfinden wir nicht künstlerisch. Ein Werk, in dem das Technische nicht so verhehlt ist, daß wir es vergessen, ist kein rein künstlerisches. Virtuosität, nicht Kunst! Wenn große Meister, wie Tizian, Hals und Rembrandt, in hohen Jahren dank der Souveränität ihres Genies und langer Erfahrung zur breiten, vereinfachten Pinselführung gelangten, so ist dem weder ein Prinzip noch eine Berechtigung zu entnehmen. Jedem sensitiven Auge müßte doch die Brutalität des Farbenauftrages, die seit Manet, man darf wohl sagen, allgemein in der Malerei herrscht, unerträglich sein! Aber freilich – ein sensitives Auge ist kein *normales*.

So viel in Andeutungen über die Sinnlichkeit! Selbst wenn wir bloß sie in Betracht ziehen, ist der Impressionismus unkünstlerisch, denn er erweckt keine einheitlichen, wohlthätigen Empfindungen. Und nun *diePhantasie*! Die Phantasie ausschließen zu wollen, ist ein Unding. Sie will sich bethätigen und sie bethätigt sich und sie wirkt bestimmend auf das Gefühl ein. Es fragt sich nur, wie? Hier ist das *Gegenständliche* entscheidend. Unser Gefühlsverhältniß zu den Erscheinungen ist entweder Zuneigung oder Abneigung. Dazwischen liegt gleichsam der Nullpunkt: die Gleichgültigkeit. Das künstlerische Gefühl wird geweckt nur durch das, was uns in wohlthuender Weise fesselt und anspricht. Was bringt nun diese moderne Kunst? Gewiß wäre es unbillig, zu behaupten, daß sie das Anmuthende in Landschafts- und Figurendarstellung ausschließt. Aber das für sie besonders Charakteristische ist doch, bei dem ihr innewohnenden Realismus, daß sie gerade das wiedergiebt, was wir täglich sehen können, und so, wie wir es sehen, und was daher im besten Falle unserer Phantasie und damit auch unserem Gefühle keine Anregung giebt, weil es uns gleichgültig ist, und zumeist, wie eben das reale Leben, nur unseren Verstand wachruft. Die angeblich künstlerische Auffassung solcher Darstellung ist in der That nichts weiter als ein nüchternes Urtheil darüber, ob Erscheinungen richtig wiedergegeben sind, und ein Registriren derselben. Und dazu kommt, daß diese Kunst, die sich so frei gebärdet, vielfach eine tendenziöse Lebensillustration ist, einen kulturgeschichtlich oder naturwissenschaftlich lehrhaften Charakter trägt. Ihre Vertreter haben wahrlich keinen Grund, verächtlich von dem Gedankenhaften der früheren Malerei des XIX. Jahrhunderts zu sprechen. Die Tendenzen des Impressionismus sind mindest ebenso unkünstlerisch, weil doktrinär, als die Thatsachenberichte der älteren Historienmaler. Gleich in der Schilderung des Arbeiterlebens, das man zuerst zum Vorwurf nahm, sprach sich eine lehrhafte Absicht unumwunden aus. Und auch bei der Schilderung des Gesellschaftslebens wurden kulturgeschichtliche Fakta demonstrirt. Alle Versuche aber, nur durch die malerische Behandlung uns künstlerisch zu stimmen, sind vergeblich. Wir können uns der Wirkung des Gegenständlichen nicht verschließen. Und die Art dieses Gegenständlichen und seine Auffassung, indem sie den Verstand beschäftigt, verhindert das künstlerische Walten der Phantasie.

Aber ein Schlimmeres, ja höchst Bedenkliches kommt hinzu! Wenn das Gegenständliche gleichgültig ist, was kann nicht Alles in die Kunst eindringen und ist nicht schon eingedrungen? Auch das, was niemals trotz aller Behandlung ästhetisch sein kann, was unsere Phantasie verunreinigt, Gefühle des Abscheues erregt. Ich werde darauf zurückkommen.

Wir fassen zusammen: weder was die Sinnlichkeit, noch was die Phantasie betrifft, ist der Impressionismus, prinzipiell betrachtet, künstlerisch.

Die zweite Frage lautet: wie verhält er sich im Besonderen zum *deutschen Wesen*? Steht er uns Deutschen an? Nein! Und immer wieder nein!

Was ergab sich bei unseren allgemeinen Betrachtungen als Eigenthümlichkeit des Deutschthums? Zunächst war es die Gefühlsstärke. Wie traurig steht es damit in dieser von Theorieen beherrschten Thätigkeit! An Stelle der Gefühlsbedeutung deutscher Kunst wird eine bloße Sensationsbedeutung gesetzt. Das Zweite war die Universalität. Wie ärmlich und beschränkt ist das Bereich der Vorstellungen! Und das Dritte: die freudige Erfindungskraft der

Phantasie? Gerade sie soll ja in dieser Kunst, so weit es nur geht, ausgeschlossen werden. Und endlich die Naturliebe und -treue? Wenn man nur auf Licht- und Farbenwirkungen sieht, wo bleibt da das Verhältniß zu den Einzeldingen, die – auch die kleinsten – innigste Beachtung verdienen? Wird denn Spott getrieben mit dieser herrlichen Natur, die *gestaltet* ist von den kleinsten bis zu den höchsten Wesen? Früher war es gerade das Lebendige dieser Gestalten in aller seiner unendlichen Fülle, was das Künstlerauge und -gefühl mit Entzücken erfüllte! Und jetzt soll nur das, was darum und daran ist, Atmosphäre und Licht, das einzig Wichtige sein? Wie ganz widerstrebt eine solche Vernachlässigung der Einzelerscheinung, eine solche Lieblosigkeit gerade dem deutschen Gefühl, welches das göttliche Walten in einer jeden sucht und findet!

Mußten wir *die Moderne* eine unkünstlerische Richtung nennen, so haben wir jetzt hinzuzufugen: sie ist in Sonderheit dazu auch noch durchaus undeutsch, ja antideutsch!

*

Und nun gilt es zu bedenken: *was hat sie uns kulturell gebracht?* Die verhängnißvolle Theorie: *das Gegenständliche ist gleichgültig,* hat Dinge in die Kunst eingeführt, die, Gott sei es geklagt! auch in Deutschland in erschreckender Weise sich verbreitend, auf das Leidenschaftlichste von uns zurückgewiesen werden müssen, wollen wir hoch von der Kunst und hoch auch von uns selbst denken! Ich spreche nicht von der kläglichen Banalität, die sich breit macht, ich spreche vom niedrig Gemeinen! Jener Satz hat die bösen Instinkte geheiligt: Erscheinungen und Elemente, die niemals früher sich hervorwagten, zeigen sich heute mit frecher Herausforderung. Wir haben uns nicht gescheut, auch das Widrigste französischer Cabaretkunst zu übernehmen, und sind so albern, uns dabei einzubilden, nun wären auch wir hochmodern. Es ist empörend!

Ich erwähne nur Eines, aber vor Allem! Was war dereinst das Verhältniß des Deutschen zur Frau? Und was ist aus ihm in der neuesten Kunst geworden? Zu Dirnen jeder Art und jedes Standes ist sie hinabgestiegen, bei uns, die wir der Frau wie einem geweihten Wesen scheue Verehrung darbrachten, und gerade durch den schwärmerischen Aufblick zu ihr gut und stark wurden. Denn ich möchte sagen, der Kern unseres Idealismus war zu allen Zeiten dieser Frauenkultus. Nun aber müssen wir an den Straßen, an den Schaufenstern in Nachahmung dessen, was die Gossenkunst in Paris hervorgebracht hat, müssen wir in unsern illustrirten Blättern, Plakaten u. s. w. das Schamloseste täglich sehen. Und so erlebt es unsere Jugend und wächst damit heran und gewöhnt sich an niedrigste, unsittliche Dinge. Und die Virtuosität solcher Zeichnungen wird als Kunst hoch gepriesen! Mögen die Fliegenden Blätter in ihren Humoresken auch manchmal schwach gewesen sein, so ein *Oberländer*, der für sie gezeichnet hat – ich könnte auch Andere nennen –, wie viel feinfühliger und origineller erscheint seine Art! Dieser harmlose Geist aber ist fast ganz verschwunden, und überdies, was man jetzt bei uns bewundert, vergleicht sich schließlich an *Geschicklichkeit* doch nicht mit dem Französischen. Und aus all dem, was wir übernommen haben, wächst so *der Cynismus* hervor. Ich will von dieser erschreckenden Erscheinung nichts weiter sagen. Ich kann es nicht leugnen: wenn ich von solcher Verkommenheit nur spreche, kehrt sich Alles in mir um! Und kann es nicht fassen, daß so Etwas in Deutschland möglich ist und noch dazu von allen Seiten als geistreich und interessant gepriesen wird! Sind wir denn ganz verblendet?

*

Und nun ein letztes Wort über diese Fragen. Wir kehren zur historischen Betrachtung zurück. Wie haben wir den Impressionismus geschichtlich aufzufassen? Die Antwort scheint mir eine sehr einfache zu sein. Bei der Betrachtung der Malerei im XIX. Jahrhundert, in dem von einer großen Kunst, vergleichbar derjenigen vergangener Perioden, und von einer Entwicklung origineller hoher Ideale, wie in jenen, nicht die Rede sein kann, sind wir *von einem Extrem zum anderen* gelangt. Im Beginn dieses Zeitraums herrschte einzig und allein die Zeichnung, die Kontur, am Schlusse desselben nichts wie die Farbe, die Farbenpartikel! Eben so wenig wie die mit hochmüthiger Verachtung heutzutage behandelte Zeichenkunst des Carstens und Cornelius, darf die heutige Farbenkunst Manets, Cézannes, Vincent van Goghs und Seurats, die von Vielen als eine neue künstlerische Weltanschauung und als der Gipfel der Malerei aller Zeiten gepriesen wird, auch nur entfernt mit der großen alten Kunst verglichen werden. Ist jenes zeichnerische Extrem unkünstlerisch, so ist es das impressionistische nicht minder. Ja man könnte, vergleicht man den Impressionismus mit jener Kartonkunst, sich zu dem Bekenntniß gedrängt sehen: bei aller Armuth und Unansehnlichkeit war in den Werken der Carstens und Cornelius doch mehr ächt Künstlerisches, als in den virtuosen, raffinirten Leistungen der Manet und Degas, denn es waren edle und hochgegebene Vorstellungen, welche damals die Phantasie beschäftigten, und ich meine, was auch die Impressionisten von mystischer Wirkung ihrer Kunst behaupten, auf solche Ideen kommt es denn doch vor Allem in der Kunst an, in ihnen liegt die mystische Schöpferkraft. Jene Impressionsmystik ist der ungeheuerliche Wahn: indem man vom Gegenständlichen und von allen gestalteten Formen absehe und nur mit Farben operire, könne die Malerei, ganz sinnliche Sensation, die Wirkung der Musik erreichen. Man vergißt die grundsätzliche Verschiedenheit der beiden Künste, vergißt, daß der Vorwurf des Tonkünstlers unmittelbar das im Ton sich ausdrückende Gefühl ist, während der Maler nur mittelbar durch die Welt der Erscheinungen, denen ewig der gegenständliche Charakter anhaftet, Gefühl und inneres Wesen ausdrücken kann.

Fassen wir diesen Wahn scharf ins Auge, vergegenwärtigen wir uns zugleich das Obwalten von optischen Theorieen und Naturnachbildungsprinzipien, dann läßt sich die Erkenntniß nicht abwehren: wie die bildende Kunst, in ihrer Schwäche dem Einflusse anderer geistiger Mächte preisgegeben, in der ersten Hälfte des XIX. Jahrhunderts unter den Einfluß der Geschichte und der Dichtung gerieth, so in der zweiten Hälfte unter den der Naturwissenschaft und der Musik. Sie ist jetzt so wenig selbstherrlich und aus sich ihre Gesetze bestimmend wie damals! –

Heißt dies aber so viel, als daß es ganz trostlos aussieht? Hier sage ich: nein, doch nicht. Der Impressionismus hat keine Zukunft, er hat sich langst selbst überboten. Er ist, genau betrachtet, schon todt. Schon regt sich, so allgemein er durch die Kunstliteratur als Evangelium gepredigt wird, der Widerspruch gegen ihn in Deutschland – und ganz besonders bei uns im Westen – als gegen ein Fremdes, zum Unheil Übernommenes. Schlichtheit, Deutlichkeit wird gesucht. Phantasie und Gefühl verlangen ihr Recht, und es zeigen sich hoffnungsvolle Erscheinungen, die wir freudig begrüßen wollen, verhindert uns auch der ernste Blick in unsere kulturellen Verhältnisse und deren unkünstlerischen Charakter an utopistischen

Traumen. Edlen, jugendlichen Bestrebungen den Weg zu bahnen, sie vom Druck tyrannischer Dogmen zu befreien, das ist es, was ich mit diesen Vorlesungen möchte. Die Kunst ist krank. Schauen wir ihrer Gesundung entgegen!

VI. Die künstlerische Wiedergeburt des Menschen aus der Landschaft.

In den zwei letzten Vorlesungen haben wir uns die Eigenthümlichkeiten der deutschen Malerei des XIX. Jahrhunderts in großen
Umrissen zu vergegenwärtigen gesucht, und die wichtige Betrachtung, die sich am Schlusse ergab, war diese: im Verlauf des Jahrhunderts ist die künstlerische Thätigkeit von einem Extrem zum
anderen gelangt. Sie begann mit der Zeichnung und endete mit der
Farbe. Dort der bloße Kontur, hier die bloße Farbenpartikel, dort die
Betonung des Gegenständlichen, hier dessen Aufhebung. Wollen
wir uns nun vergewissern, welche Erscheinungen als die im höchsten Sinne künstlerischen zu betrachten sind, so scheint sich ohne
Weiteres als einfache Schlußfolgerung zu ergeben, daß das künstlerisch Vollkommenste nicht in dem einen oder anderen Extrem zu
suchen ist, sondern höchst wahrscheinlicher Weise in der Mitte
zwischen den Extremen zu finden sein wird, und die Anschauung
bestätigt dies. Es ist in der Phase, die wir als die Wiederbelebung
koloristischer Ideale bezeichnet haben, daß uns in Frankreich, wie
in Deutschland – wir könnten, wenn auch nicht mit gleicher Bestimmtheit, hinzufügen: in England – die ästhetisch am meisten
befriedigenden Hervorbringungen entgegentreten. Prüfen wir weiter, welche von den vielen beachtenswerthen in Deutschland als die
bedeutendsten hervorzuheben sind, so haben wir nur unsere allgemeinen Grundsätze anzuwenden, um eine bestimmte Meinung zu
gewinnen. Erstens: bei welchen Künstlern wirken Sinnlichkeit und
Phantasie in höchstem Grade und in größter Harmonie zusammen?
Und zweitens: bei welchen, die dieser ersten Bedingung entsprechen, finden sich zugleich die deutschen Wesenseigenschaften:
Gefühlskraft, Universalismus, Naturliebe und lebendig waltende
Einbildungskraft der Phantasie am stärksten entwickelt? Die Antwort lautet: diese deutsche Art, verbunden mit jener künstlerischen,
originellen Kraft, spricht sich am unbedingtesten aus in Arnold
Böcklin und Hans Thoma!

Sie werden es begreifen, daß es bei dem Charakter, den meine
Vorlesungen gewonnen haben, hier nicht darauf ankommt, Ihnen
mitzutheilen, was Sie schließlich aus jeder Biographie des einen und

des anderen Meisters, aus jeder Studie über sie unschwer erfahren können, daß ich mich auf die Einzelheiten ihres Lebens und ihre Entwicklung nicht einlassen kann, sondern daß es mir, entsprechend dem Gesichtspunkte, den wir eingenommen haben, von Wichtigkeit sein muß, einzig das Wesentliche in der Kunst der beiden Maler zu einer möglichst klaren Darstellung zu bringen. Und da führe uns eine Betrachtung nothwendiger Art aus dem bisher behandelten Allgemeinen zu dem Besonderen der Persönlichkeit hinüber, eine Betrachtung von großer Bedeutung, die so viel Probleme in sich schließt, daß mit kurzen Worten diese nicht erschöpft werden können, sondern auch hier es sich wiederum nur um Andeutungen handeln kann. Sie ergiebt sich aus der Erwägung: wie entstand die Kunst Böcklins und Thomas, wie waren ihre Eigenthümlichkeiten vorbedingt, wie war sie möglich?, und aus der Erkenntniß: sie hat sich aus der Landschaftsdarstellung entwickelt. Die Landschaftsmalerei steht im Mittelpunkt der Kunst des XIX. Jahrhunderts, sie ist deren Kern, und das Vorzüglichste, was in diesem Zeitraum hervorgebracht wurde, liegt auf dem Gebiet des Landschaftlichen.

*

Zwei große Welten mußten wir schon einmal im Verlauf dieser Vorlesungen, im Hinblick auf die Verschiedenartigkeit der von der Kunst behandelten Ideen und Vorwürfe, einander gegenüberstellen: die antike hellenische und die germanische christliche. Die Darstellung des Merischen war für die erstere die Hauptaufgabe, und in der Plastik gewann das griechische Ideal seine ausgeprägteste Form. In der neueren Kunst, die wir kurzweg, wenn wir das in ihr waltende schöpferische Element uns vergegenwärtigen wollen, die germanische nennen dürfen, sehen wir im Verlaufe der Entwicklung als die eigenthümlichste und daher beachtenswertheste Erscheinung die Landschaftsdarstellung in den Vordergrund treten. Das heißt aber so viel, als daß, wie schon früher bemerkt ward, eben die Malerei, nicht die Plastik dem Ausdrucksbedürfniß in der neuen Kultur besonders entsprach. Im höchsten Sinne freilich hatten wir der Plastik der Griechen die Musik der Germanen gegenüberzustellen!

In welcher Art nun aber bildet sich, verglichen mit der Menschendarstellung der Antike, die Landschaft in der christlichen Zeit aus? Eine lange Entwicklung seit dem Mittelalter zeigt sich: von der Gestaltung des idealen Menschen im plastischen Sinne, wie sie in Sonderheit von der florentinischen, allgemein betrachtet aber von der italienischen Kunst überhaupt gegeben ward, bis hin zu der Auffassung und Wiedergabe der Landschaft nach ihren Stimmungswirkungen, die hauptsächlich durch das Licht hervorgebracht werden, in der holländischen Malerei. Eine Zwischenstellung gleichsam zwischen der florentinischen Formenbestimmtheit menschlicher Gestalt und der holländischen, lichtdurchwebten Landschaftsdarstellung nimmt die venezianische Malerei des XV. und XVI. Jahrhunderts ein. Wenn man es in wenige Worte zusammenfassen will, also: plastische Form: Florenz; Farbenharmonie: Venedig; Lichtkunst: Holland. Wobei die weit über Florenz hinausgehende Berücksichtigung des Landschaftlichen in Venedig als bezeichnend für die geheimnißvolle Beziehung zwischen dem Koloristischen, als dem eigentlich Malerischen, und dem Landschaftlichen beachtet sein will.

Sehen wir aber genau hin, so zeigt es sich, daß in Deutschland und in den Niederlanden, also in der speziell germanischen Kunst, bereits im XV. Jahrhundert der Weg nach der Seite einer nachdrücklichen Hervorhebung der Landschaft, und zwar schon im Hinblick auf ihre stimmungwirkenden Elemente eingeschlagen wird und daß die spätere Malerei hierin nur die höchste Erhebung bedeutet. Früh also schon strebte das künstlerische Verlangen der Germanen aus dem Bereiche bloßer Menschendarstellung, wie sie doch in jenen Zeiten durch den religiöse n. Stoff geboten war, heraus nach einer Schilderung des Naturganzen, und wir haben es gewahrt, in welchen geistigen und seelischen Auffassungen von Gott und Welt diese Eigenthümlichkeit begründet war.

Nun sehen wir aber weiter, daß auch im XIX. Jahrhundert durch all das Figürliche, was Anfangs entstand, mehr und mehr die Landschaft sich hindurchrang und daß in ihr das Fesselndste und Eindrucksvollste sich kundgab. Indem wir dies und das uns beschäftigende Phänomen der Kunst Böcklins und Thomas scharf. ins Auge fassen, thut sich dem Blick ein großer und wunderbarer Zusammenhang in zeitlich weit auseinanderliegenden Erscheinungen auf, der wohl festzustellen und zu betonen, aber im tiefsten Grund nicht zu erklären ist.

Überschauen wir nämlich die gesamte Entwicklung großer Kunst im Verlaufe einer ganzen Kultur von den ersten Anfangen künstlerischen Schaffens an, so wird ersichtlich, daß die Kunst ihre bedeutende ideelle Aufgabe zuerst in den Zeiten erhält, da das Volk, von der Natur mächtig inspirirt, seine Mythologie schafft, denn seine Götter, seine Helden, seine fabelhaften Mischwesen sind verdichtete, in menschliche Formen geprägte Eindrücke der Natur. Aus dieser heraus wird durch die dichterische Kraft des menschlichen Geistes, durch künstlerische Konzentration der Vorstellungen der Mensch für die Kunst gleichsam erschaffen. So lange der religiöse Glaube anhält, so lange die Künstler von ihm ihre Aufgabe erhalten, bleibt die Verherrlichung des Göttlichen im Menschlichen. Erst indem die religiösen Vorstellungen sich andern, das Anthropomorphe verschwindet und die große Einheit der Seele mit der Natur in mystischem Empfinden entdeckt wird, gewinnt die Natur an Wichtigkeit gegenüber dem Menschen und erhebt sie mehr und mehr Anspruch auf selbständige Bedeutung, bis schließlich die Landschaftsschilderung eine Hauptaufgabe der Malerei wird. Ist dies in der germanischen Kultur besonders deutlich, weil in ihr diese Einbeziehung der Menschenseele in das allgemeine Ganze in so hohem Grade stattgefunden hat, so ist es doch nicht zu verkennen, wie auch in der späteren Zeit der griechischen Kunst der Landschaft mehr und mehr Raum und eine nicht unwichtige Rolle zuerkannt ward. Aber freilich niemals so weitgehend, daß die Natur, als durch Stimmungen vollbeseelt, von den Künstlern geschildert wurde, daß der Mensch, der sich als Erscheinung aus dem Kunstwerk gleichsam verloren hat, in der Natur aufgeht, um sich in ihr wiederzufinden, daß die Natur ein Spiegel seines ganzen reichen Gefühlslebens wird.

Und hier ist der Punkt, wo sich die Erklärung dafür ergiebt, daß in einer und derselben Epoche einerseits unter den bildenden Künsten die Malerei, und zwar speziell die Landschaftsmalerei, und andererseits die Musik eine solche Rolle spielt die Verwandtschaft liegt in dem Stimmungselemente. Denn da, wo die Malerei, wie in der Stimmungslandschaft, zu allgemeinsten, durch das Licht bedingten Farbenwirkungen gelangt, nähert sie sich, darf man sagen, der Tonkunst, bleibt sie auch immer durch eine im Wesen der Kunstarten begründete Kluft von ihr getrennt. Insofern nämlich die farbige Erscheinung ähnlichen Stimmungswerth erhält, wie das Material der Musik: der Ton, in dem das Gefühlsleben unmittelbar sich äußert, die Empfindung selbst Stoff des künstlerischen Ausdrucks wird. Der Vergleich ergiebt sich eben daraus, daß in einer solchen Landschaftsmalerei die Einzelbedeutung des Gegenständlichen, dessen bestimmteste Form in der menschlichen Erscheinung – denn diese ist die plastisch ausgebildetste – zu finden ist, gegen farbige Gesammtwirkung zurücktritt oder, besser gesagt, daß das Gegenständliche in weitgehendem Sinne subjektive Gefühlsfärbung erhält. So und nicht anders will es verstanden sein, wenn ich sage, die Malerei gelange hier an die Grenze des Gebietes, das der Musik besonders eigenthümlich ist. Immer aber haben wir, auf früher Gesagtes zurückgreifend, zu betonen, daß in der Malerei das Gegenständliche bleibt, mögen auch Bäume und Wasser und Wolken so unendlich in einander verschwimmen, wie in den Bildern van Goyens oder Salomon Ruysdaels. Das Gegenständliche bleibt und das Gegenständliche ist entscheidend für unsere Gefühlsauffassung. Der Wahn extremer moderner Richtungen, es vernichten und bloßen Farbenreizen die Wirkung von Tönen verleihen zu können, ist in der letzten Vorlesung gekennzeichnet worden. Das heißt den Gesichtssinn seiner edelsten Fähigkeiten berauben und zu nichtssagender Tändelei herabwürdigen, in dem er sich, zum Verzicht auf Erweckung sachlicher Vorstellungen gezwungen, auf ein bloßes Spiel mit Farbensensationen reduzirt sieht.

Auf diese Beziehungen zwischen Malerei und Musik sah ich mich genöthigt kurz einzugehen, einmal weil es für die Erkenntniß des historischen Zusammenhanges, in dem gewisse Erscheinungen in beiden Künsten stehen, wichtig ist, und dann weil ein Buch von G. Niemann[2] in welchem Böcklin mit Richard Wagner verglichen wird, von Meier-Graefe mit Hohn behandelt worden ist. Diese Schrift brachte geistvolle und tiefgreifende Bemerkungen über die eben berührte Frage, wenn auch der Verfasser sich hinreißen ließ, jene von mir hervorgehobene Grenze zwischen den beiden Künsten

---

[2] Gottfried Niemann: Richard Wagner und Arnold Böcklin oder über das Wesen von Landschaft und Musik,

nicht zu beachten, sondern eine Wesensidentität der Landschaftsmalerei und der Musik zu behaupten wagte. Leicht war es, dies als die Idee eines Überspannten hinzustellen, wenn man nur das Extreme ins Auge faßte. Auf dies aber kommt es, wie Alfred Peltzer, der mit Schärfe das Bedeutende in dieser Schrift in einer Besprechung hervorhob, nachwies, nicht an, sondern auf die Darlegungen über jene geheimnißvolle Annäherung zwischen den beiden Künsten. –

Gewahrten wir, wie in der langen Entwicklung der Malerei das landschaftliche Element immer stärker in den Vordergrund tritt, so stellt sich nun im XIX. Jahrhundert als das wichtigste und entscheidende Ereigniß heraus: *die künstlerische Neugeburt des Menschen aus der Landschaft*. Dies ist die große That der neueren Kunst. Die Landschaft genügt den starken schöpferischen Geistern nicht mehr, sondern aus der landschaftlichen Stimmung heraus, heraus aus dem Unbestimmten, was die Landschaft doch an sich hat, sehnt sich der Künstlergeist wieder nach der bestimmten Gestalt des Menschen. Und so entsteht von Neuem ein mythologisches Schaffen. Die Natur ist von der Kunst erobert worden. In langem, heißem Sehnen ist der Mensch dahin gelangt, sie als Spiegel des Seelenlebens im Bilde hinstellen zu können. Und siehe da! der Augenblick kommt, da diese so beherrschte Natur wiederum, wie in den Zeiten der Gestaltung eines Volksglaubens, in menschliche Erscheinung verwandelt wird.

Wie konnte das in den Zeiten einer so vorgeschrittenen Civilisation möglich werden?

Es giebt hierfür wohl nur eine Erklärung. Das Suchen eines freien ursprünglichen Menschenthums ist es gewesen, welches, von der Liebe zur Natur und dem tief erkennenden Verständniß für sie veranlaßt und geleitet, zu solchen neuen Bildungen geführt hat. Diese Sehnsucht nach dem rein und ewig Menschlichen fand ihren ersten Ausdruck im XVIII. Jahrhundert. Im Widerspruch zu einer alle Wahrhaftigkeit bedrohenden unerträglichen Civilisation und Konvention! Mächtig und mit sich fortreißend ertönt der große Ruf der Seele nach Freiheit, nach einer Rückkehr zum Natürlichen aus dem Munde Rousseaus. Und was darauf folgte in Dichtung, Musik und Wissenschaft, war das Streben nach dem von Konvention und historischen Bedingungen befreiten idealen Menschen, das heiße leidenschaftliche Sehnen aller edlen Geister vornehmlich in Deutschland, es war der Schaffensquell Goethes und Schillers. Sehr begreiflich erscheint es, daß von diesem Drang nach Freiheit, nach der Hinstellung des Typischen, zunächst die Antike zum Vorbild gewählt wurde. Von ihm war Winckelmann begeistert worden, das Hellenenthum der Welt wieder zu erschließen, und mit Entzücken gewahrte man den griechischen Menschen, wie er, in ungestörtem Einklang mit der Natur, in freier harmonischer Bewegung der Glieder dahinschritt. Kein Wunder, daß man zuerst in ihm das Ideal verehrte und bei der Antike die Belehrung suchte. Dann kam das Andere, das Trachten nach dem ursprünglich Volksthümlichen, es kam die Romantik. Und wie nun auf dem Gebiete

der Dichtkunst dieser ewige Mensch erstrebt, geahnt und zuweilen in hellen Augenblicken des Erfassens gewahrt wurde, so bemächtigte sich auf den Wegen, die von den großen klassischen und romantischen Dichtern gewiesen wurden, der deutsche Musiker der gleichen Aufgabe, indem er vermittelst der eigensten Sprache der Germanen, der Sprache der Töne, der Sprache Beethovens, ihre Lösung findet, bis bin zu der Schöpfung des Menschen in dem Kunstwerk des tönenden Dramas. Zuerst in den Traumbildern der Zauberflöte, dann in den einfachen volksthümlichen Schilderungen Webers und schließlich, durch Gestaltung unserer uralten Vorstellungen aus mythischer Zeit, in den Werken der tragischen Bühne von Bayreuth. Nirgends wie in ihnen, in dem unvergleichlichen Hinstellen der reinen Typen alles menschlichen Wesens, offenbarte sich mit solcher Deutlichkeit, was die Sehnenden gewollt.

Nichts Anderes aber war es, was auch der bildenden Kunst im Klassizismus und im Romantischen vorschwebte. Und nun kam die Zeit – etwa um die Mitte des Jahrhunderts –, da die Möglichkeit freier Konzeptionen solcher Art durch die Ausbildung der Landschaftsmalerei, durch das Fortschreiten in der Farbenkunst gegeben ward, da auch in der Malerei der unbedingte Mensch, das der Natur innig verbundene Wesen gefunden ward!

Nicht allein in Deutschland ! Verwandte Erscheinungen zeigen sich in Frankreich und in England. Der Vergleich der Gestaltung dieser neuen Mythologie aus landschaftlichen Stimmungen heraus in den drei Ländern ergiebt aber wesentliche Unterschiede. Wir finden, daß in Frankreich eine sogenannte idealisirende Richtung sich zu eben der Zeit erhebt, als die Schule von Barbizon auf Grund eines Studiums der holländischen Malerei das Landschaftliche zu neuer hoher Bedeutung entwickelt, da Millet mit seinen feierlichen Darstellungen aus dem Bauernleben die Würde ursprünglichen Menschendaseins verkündet. Die Phantasie auch der Franzosen strebte damals in das Bereich des Allgemeinen auf, so bei *Gustave Moreau*, so besonders bei dem bis in unsere Tage noch nachwirkenden *Puvis de Chavannes*, der eine ideale Menschheit in einer großen Natur schilderte, und dem die Möglichkeit geboten wurde, die unseren deutschen Künstlern nicht gewahrt war, seine Vorstellungen in Wandgemälden zu formen. Analogieen hierzu bietet England in den Preraphaeliten, in *Rossetti, Burne Jones,* und in *Watts,* ein Sicherheben heraus aus der begränzten Wirklichkeit, aus bloßer Landschaftsstimmungsmalerei, wie sie so energisch und eindrucksvoll von *Constable* in Anknüpfung an die alten Holländer, so träumerisch visionär von *Turner* gestaltet worden war, hin zur idealen Menschenschilderung. Aber freilich gelangte man hier nicht zur völligen Freiheit, die Anschauung blieb gebunden durch Eindrücke der italienischen Kunst des XV. Jahrhunderts oder durch allegorische Spekulationen.

Bleibt der Deutsche hinter diesen Leistungen der Franzosen und Engländer zurück? Wie verhalt es sich damit? Deutsche Dichter, Denker und Musiker waren es, welche das Ideal des von Rousseau zuerst verkündigten natürlichen Menschenthumes in schöpferischen Thaten verwirklicht hatten, denen andere Völker nichts Gleiches an die Seite zu stellen haben. Sollte der Deutsche nicht auch in der Malerei etwas Größeres und Ursprünglicheres als der Franzose und der Engländer hervorgebracht haben? Ja! Unumwunden spreche ich es hier aus: *Maler von der Originalität und Große der Formen- und Farbenanschauung, von der Energie innerlichen Erlebens, von dem Reichthum der Phantasie und von der Unabhängigkeit und Wahrhaftigkeit, wie Böcklin und Thoma, hat weder die französische, noch die englische Kunst aufzuweisen.* Noch ist bis jetzt diese Erkenntniß nicht vorhanden. Aber so gewiß wir in den Werken der beiden Meister und namentlich Thomas mit jedem Jahre mehr jene Eigenthümlichkeiten erfassen, so gewiß wird sich die Wahrheit herausstellen, daß, wenn auch im Großen und Ganzen die französische Kunst bis zu den siebziger Jahren uns in vielen Dingen überlegen gewesen ist, sie Persönlichkeiten von dieser universellen schöpferischen Kraft nicht aufzuweisen hat. Vergleichen Sie die Werke des Puvis de Chavannes mit denen Böcklins oder Thomas, wie schwach, wie blaß, wie konventionell erscheinen sie! Vergleichen Sie die so reizvollen, ja bezaubernden Geschöpfe der englischen Preraphaeliten, die merkwürdigen Träume, die Watts gemalt hat, und Sie werden sagen müssen: wie weit sind sie entfernt von der Naturfreudigkeit, Natürlichkeit und Erfindungskraft unserer beiden Meister, wie sehr haftet ihnen ein Sentimentalisches, ein gewisser Manierismus an. Nein ! Wir haben, wenn auch diese deutsche Kunst noch nicht allenthalben anerkannt ist, allen Grund, stolz und selbstbewußt zu sein, und dürfen sie bei aller Gerechtigkeit für das Fremde mit Siegesgewißheit derjenigen anderer Völker gegenüberstellen! –

Welcher Art ist nun aber das Gegenständliche, das bei dieser Menschwerdung der Natur von Böcklin und Thoma in ihren Werken behandelt wird?

Da ist vor allen Dingen zu beachten, daß gewisse Vorstellungen, die von einer großen vergangenen Kultur eines Schöpfervolkes zu vollkommener Gestaltung gebracht worden sind, der Menschheit nicht mehr verloren gehen, daß das, was der Grieche, seinen Mythos schauend und formend, als ewig und typisch menschlich hingestellt hat, als solches auch immer weiter wirkt. Diese antiken Elemente sind nicht mehr aus der Welt zu schaffen und bemächtigen sich des Geistes auch des höchst schöpferischen neuen Künstlers, der in mythologischem Sinne dichtet. Als Erstes also sind antike Elemente zu nennen. Wie charakteristisch aber der Unterschied zwischen diesen und den früheren antiken Darstellungen des XIX. Jahrhunderts ! Es sind nicht mehr die Götter- und Heldensagen, die behandelt werden, sondern, was aus dem Griechenthum genommen wird, sind die allgemeinen, aus der Natur heraus erfundenen Wesen, mit denen, könnte man sagen, die Natur ursprünglich bevölkert ward. Und weiter allegorische Vorstellungen, in denen, für alle Zeiten verständlich, auch ein allgemein Menschliches fixirt worden ist.

Das zweite Bereich der menschlichen und halbmenschlichen Erscheinungen, das von Böcklin und Thoma verwerthet ward, umfaßt Gestalten aus der germanischen Mythologie, darunter auch solche, die durch Sagen oder Märchen schon in älteren Zeiten eine bestimmte volksthümliche Form gewonnen haben.

Der dritte Stoff ist der christliche, aber in einem ganz bestimmten Sinn aufgefaßt, indem nämlich nicht das Christlich-historische, welches das Mittelalter hindurch die Künstler beschäftigt hat, als Vorwurf dient, sondern Alles, was in dem religiösen Stoff von allgemein und natürlich Menschlichem enthalten ist. In mythologischer Weise hatte die mittelalterliche und in Sonderheit die italienische Kunst das Christliche, in Analogie zum griechischen Götterkultus, ausgestaltet. Die Kunst Hans Thomas, den wir hierbei besonders im Auge haben, wählt aus der Bibel mit Vorliebe die Vorgänge, die den innigen Zusammenhang heiligen Wesens mit der Natur verdeutlichen, in Naturstimmungen ihre Symbolik finden. Ist es bezeichnend für sein Suchen nach dem ursprünglich reinen, harmonisch aller Keuschheit und Unschuld der Natur verbundenen Menschenthum, daß er immer wieder Adam und Eva im Paradiese schildert, so sprechen zu seiner Phantasie alle die Momente aus des Erlösers Leben, da dessen Wandeln und Lehren ihn im innigen Zusammenhang zugleich mit der Natur und mit der Menschenseele bringt: die Predigten, die er im Freien halt, die Gleichnisse, die Versuchung, die Gespräche mit der Samariterin und mit Nikodemus, auch die Szenen aus der Kindheitsgeschichte, – und das Mysterium des Opfertodes am Kreuze wird für ihn zu einem Weltenvorgang.

Aus diesem höheren Bereich mehr in die schlichten Niederungen des Daseins führt uns eine vierte Art der Darstellung des Menschlichen – dies freilich nicht bei Böcklin, sondern bei Thoma –, die Schilderung des Natürlichen in den ursprünglichsten Bedingungen der Kultur des Bauernlebens, das sich in Arbeit und Beschaulichkeit eng in den Rahmen der Naturvorgange einfügt.

Als letztes aber nennen wir endlich das Gebiet, auf dem die Phantasie dieser Künstler, von den inneren Seelenmächten befrachtet, am feinsten und erfinderischsten sich bethätigt, ein ganz Neues, bisher Ungeschautes formend. Hier zeigt sich die Stimmungen personifizirende Gestaltung in einer sinnreich spielenden und doch Geheimnißvolles offenbarenden Beschäftigung mit allen den Möglichkeiten einer Darstellung nie zu benennender, bald menschlicher, bald halbmenschlicher Wesen. Hier das, was wir als eine neue, von älteren Bildungen unabhängige Mythologie bezeichnen können, das unmittelbare Gestaltenschaffen aus Natureindrücken heraus. Eine wundervolle, unsere Einbildungskraft mit herrlichen ungekannten Vorstellungen bereichernde Welt!

Dies also sind die verschiedenen Bildungen, nach dem Gegenständlichen betrachtet, welche solchen Werken eigenthümlich sind. Dies ist das Schaffen, welches zu der Ursprünglichkeit dichterischer Belebung der Natur zurückkehrt, dies die Wiedergeburt des rein Menschlichen aus der Landschaft!

Dichterische Belebung! Zu dichten, das sollte, wie neuerdings behauptet wurde, dem bildenden Künstler unerlaubt sein? Damit träte er aus den Gränzen seiner Kunst heraus? Dichten ist die ursprünglichste aller künstlerischen Bethätigungen, es ist das Erste. Ohne Dichten – das dürfen wir den Gegnern der Kunst unserer beiden Meister entgegenhalten – ist niemals ein Kunstwerk geschaffen worden, weder der bildenden, noch der Tonkunst, aber Dichten in dem freiesten Sinne einer im Schauen gestaltenden Phantasie, welche, mit der Welt der Erscheinungen schaltend, diese und sich selbst den höchsten seelischen Bedürfhissen des Menschengeschlechtes dienstbar macht!

VII. Böcklin und Thoma.

Ein neues Werden des Menschen aus der Natur haben wir das
letzte Mal belauscht. Die Verdichtung großer Landschaftsstimmun-
gen zu Persönlichem, Figürlichem, das Walten mythologischer Gestaltungskraft! Ist denn dies aber nun wirklich etwas ganz Neues?
Giebt es in der vorhergehenden, älteren christlich germanischen
Kunst nicht schon Maler und Richtungen, die verwandte Ideale
hatten? Ja und nein! In Folge der dichterischen Wiederbelebung
antiker Vorstellungen durch originell schöpferische Geister sind im
XV. Jahrhundert in Italien Gemälde entstanden, die sich vielleicht
den Konzeptionen Böcklins und Thomas vergleichen ließen. Ich
denke da zunächst an jene Florentiner, die, wie die Cassonemaler,
wie vor Allem Botticelli und Pier di Cosimo dichterischen Inspirationen Ausdruck verliehen haben, in jenen Bildern, welche das Reich
der Venus – wer kennt nicht den *Frühling*? –, häufig aber auch andere Götter- und Heldensagen verherrlichen, ich denke an Andrea
Mantegnas mythologische und allegorische Darstellungen. Ein Versuch wenigstens, Mensch und Natur mit wunderwirkendem Zau-
ber zu verweben, ist da zu finden, aber freilich doch nur ein Versuch – und nur ausnahmsweise spielt das Landschaftliche eine entscheidende Rolle. Auch macht sich in dem Figürlichen meist eine
allegorische Absicht geltend. Erfolgreicher wäre der Vergleich mit
Werken, die am Ende des XV. und am Anfang des XVI. Jahrhunderts in Venedig geschaffen wurden. Hier bietet sich eine nähere
Analogie zu den uns beschäftigenden Erscheinungen dar, denn hier
kommt es dank dem koloristischen Genie Giovanni Bellinis und
seiner Zeitgenossen, welches Farbe und Licht in der Landschaft
betont, in Sonderheit aber dank Giorgiones hoher Stimmungsauf-
fassung der Natur und träumerischer Einbildungskraft zu einer
Verbindung menschlichen Gefühlslebens und landschaftlicher Wirkungen, die höchste Bewunderung erweckt. Von dem religiösen
Stoffe sich befreiend, entdeckt man, freilich auch hier auf humanis-
tische Anregungen hin, Möglichkeiten und Freiheiten, die der Phantasie gewährt sind. Es sind namentlich fünf kleine Allegorieen, von
Giovanni Bellini gemalt, in der Akademie zu Venedig, welche in
ihrer geheimnißvoll ergreifenden Art wie die Weissagungen eines
Ideales, das späteren Zeiten zu verwirklichen vorbehalten sein soll-

te, aufgefaßt werden können. Und ähnlich wirken die *Phantasieen* Giorgiones auf uns, deren Stoff wohl antiken Quellen entlehnt, deren Gestaltung aber die Spiegelung schwärmerischer Naturempfindungen ist. Auch frühe Werke Tizians und Anderer, die unter Giorgiones Einfluß standen, – ich erinnere an die *Himmlische und irdische Liebe*, an die *Vier Lebensalter* Tizians – gehören dem gleichen Bereich an. Dann aber siegt die Antike und tritt dem religiösen Stoff als Hauptstoff im XVI. Jahrhundert zur Seite. Nun hält man sich enger an die Schilderungen antiker Dichter, also an etwas bestimmt Vorgeschriebenes, und schließlich verliert sich die freischöpferische, umdichtende Gestaltungskraft, wie sie sich im Anfang des XV. Jahrhunderts verheißungsvoll erprobt hatte, je mehr sich der große mythologische Dekorationsapparat ausbreitet, der dann durch die Folgezeit geherrscht hat. In den Niederlanden, wo doch die Landschaft nach ihrem Stimmungswerth die höchste künstlerische Ausbildung erfuhr, sehen wir uns fast vergebens nach Erscheinungen idealen freien Menschenthums, in dem Naturstimmungen ihre Personifikation gewannen, um. Nur kleine arkadische Szenen, wie die von Poelenburg und verwandten Meistern, waren etwa zu nennen, aber gerade dies sind Landschaftsdarstellungen, die am wenigsten stimmungsvoll sind, und sie entstanden in bewußtem italienisch antikisirendem Sinne, nicht als Dichtungen, nicht als Hervorbringungen des Menschen aus der Natur, wie sie uns bei diesen Ausführungen beschäftigen. Wie auch weder des Rubens noch Rembrandts mythologische Darstellungen von diesem Gesichtspunkt aus aufgefaßt werden können.

Nun ist in den jüngsten Tagen gelegentlich der Besprechung der Kunst Böcklins von Meier-Graefe behauptet worden, daß in ihr die Erfindung des Vorwurfes, der Einfall entscheide, nicht die künstlerische Gestaltung. *Losgelöst vom Künstlerischen aber wurde der Einfall zum Kunstfeind.* Ich halte diese Kritik für ganz ungerechtfertigt. Die künstlerische Gestaltung, dies ist zunächst zu betonen, entspricht vollkommen der Art des Vorwurfes: die dichterische Konzeption ist zugleich die malerische. Solche Verurtheilung läuft, genau besehen, darauf hinaus, daß der Vorwurf, die Erfindung unkünstlerisch sei. Warum? Weil sie unser Denken beschäftigt. Also Böcklin machte sich derselben Sünde gegen die Kunst schuldig, die mit Recht der *Gedankenmalerei* vieler Historien-, Allegorieen- und Genremaler vorgeworfen wird? Aber – handelt es sich da nicht um grundverschiedene Erscheinungen? Wohl wird in des Meisters Werken ein Gegenständliches von fesselndem Inhalt gegeben, und dies ist freilich etwas ganz Anderes als die bloße einfache Naturnachbildung, die von den Impressionisten als das alleinige Heil und Aufgabe der Kunst hingestellt worden ist. Aber dieses gegenständlich Fesselnde ist deßwegen doch kein Gedankenhaftes. Was heißt denn überhaupt *gedankenhaft*? Soll denn bei der Betrachtung eines Gemäldes alle geistige Thätigkeit des Betrachters ausgeschlossen sein? Man konnte wirklich glauben – wir sprachen schon früher davon –, daß die Vertreter des Impressionismus eine so unglaubliche Zumuthung an den Kunstfreund stellen! Hier gilt es genau zu unterscheiden – nämlich zwischen Denken und Denken, zwischen Phantasie- und Verstandeswirken.

Wir gingen bei unseren ästhetischen Betrachtungen von der Thatsache aus, daß der künstlerische Eindruck die Phantasie zur Thätigkeit anreizt, aber von der Verstandeserwägung und -analyse frei ist, daß man im Zustande künstlerischer Empfängniß nicht Verstandesfragen stellt, sondern das durch die Phantasie angeleitete Gefühl ungestört von deren Einmischung walten kann. Und dies ist gerade bei den Schöpfungen Böcklins und Thomas der Fall. Gerade sie wirken, die Verstandesthätigkeit aufhebend, auf die Phantasie, auf das Denken in Vorstellungen, und zwar recht im Gegensatz zu den figürlichen Wirklichkeitsdarstellungen der Impressionisten, von deren Wirkungsart auf uns, nämlich auf unseren Verstand, schon die Rede war. Im Gegensatz aber auch zu den meisten Schöpfungen des neueren *Symbolismus*, die uns unlösbare Räthsel aufgeben. Der Vorwurf, der in jener Kritik Böcklins enthalten ist, fällt also in sich zusammen, weil von ihr Verstand mit Phantasie verwechselt wird, oder besser gesagt, weil nach dem Kritiker, in konsequenter Befolgung der oben besprochenen Grundsätze, auch die Thätigkeit der Phantasie – des eigentlichen künstlerischen Organes! – beim künstlerischen Schaffen ausgeschlossen sein soll! Die große Errungenschaft, der Wiedergewinn des im höchsten Sinne künstlerischen Vorwurfes: der Darstellung des rein Menschlichen, wird mißachtet, die Malerei wird verurtheilt, auf alle ihre Rechte zu verzichten und auf ein kümmerliches, engstes Gebiet sich zu beschränken. Angesichts lebensvoll dramatischer Schilderung spricht man von *Theater-*

kunst – aber, freilich, die impressionistischen Prinzipien sollen ja auch auf die Bühne angewendet werden!! Gerne ginge ich auch auf diese Frage ein, aber sie verlangte einen ganzen Vortrag für sich und die Antwort, die ich auf sie zu geben hätte, wird sich wohl Jeder, der meinen Ausführungen gefolgt ist, denken können.

Nun könnte mir aber bezüglich der Wirkung der Schöpfungen Böcklins und Thomas entgegnet werden: es giebt doch Vieles, was uns so fremd ist, uns so ferne liegt, daß wir uns unwillkürlich, wenn wir vor eine solche hintreten, fragen: was ist denn dargestellt, was meint der Künstler, wir verstehen es nicht! Also daß unser Verstand herausgefordert wird!

Diese Betrachtung versetzt uns mit einem Schlage auf einen anderen Standpunkt bezüglich der Auffassung des Verhältnisses von Künstler und Publikum, als wir ihn bisher einnahmen. Wir gingen immer vom Künstler aus; nun aber erhebt sich noch einmal die in der Einleitung berührte Frage: wie steht es denn mit dem Anschauungsvermögen des Publikums? In unserer Zeit, wie in dem ganzen XIX. Jahrhundert, wahrlich nicht gut. Das erweist sich gerade daraus, daß so große, das allgemein Menschliche und daher allgemein Verständliche bringende Schöpfungen, wie die von Böcklin und Thoma, eine lange Zeit gebraucht haben, bis sie zum *Verständniß* der Allgemeinheit gelangten. Verständniß! Als ob ein Kunstwerk überhaupt jemals *verstanden* werden könne und nicht vielmehr anschauend nachgefühlt werden müsse! Wir, die Beschauenden, die wir eigentlich nur das eine, von Grund aus unkünstlerische Verhältniß zum Kunstwerk: das der Kritik kennen, die wir als einzigen Maaßstab die *Naturwahrheit* anzulegen gewohnt sind, ohne daß wir hierzu die unbedingt nöthige künstlerische Vorbildung besitzen – ganz abgesehen davon, daß Naturnachbildung an und für sich gar nicht der Zweck eines Kunstwerkes ist –, wir Beschauenden waren auch auf falschen Weg gelangt, erstens in Folge mangelnder Ausbildung unserer künstlerischen Sinnlichkeit und dann, weil wir durch die Kunst, mit deren Eindrücken wir in unseren Jugendjahren aufwuchsen, dazu verführt wurden, für schön und ächt zu halten, was keinen Anspruch darauf hatte. Wer Kaulbachs Fresken als Meisterschöpfungen zu betrachten gewohnt war, mußte Böcklins Gemälde für Verirrungen halten. Und gerade der Verstandesstandpunkt war es, der in der ersten Hälfte des XIX. Jahrhunderts, ohne daß man sich darüber klar ward, als der künstlerische angesehen wurde. Die Betrachtung beschäftigte sich nur mit der analytischen Feststellung dessen, was dargestellt, wer mit dieser Figur gemeint sei, warum jene so handle, weil die unkünstlerischen konventionell und historisch bedingten Stoffe solche Untersuchung und Deutung von selbst mit sich brachten. Das war eben kein künstlerisches Fühlen, und in dem Augenblick, als dann kühne, große Meister ihre Einbildungskraft walten ließen, da waren wir ihnen gegenüber in voller Verlegenheit. Da enthüllte sich die ganze Verarmung unserer abgestorbenen Phantasie. Sie erschienen uns *unverständlich*, weil wir unkünstlerisch sahen, während das Unkünstlerische: das Konventionelle und Historische zu uns sprach, weil wir Kunst mit dem Verstande auffaßten. Es war also Alles auf den Kopf gestellt und so weit gekommen, daß wir kein Vertrauen mehr in unsere Phantasie und in unser Gefühl hatten, ja, daß unsere eigene künstlerische Einbildungskraft durch unkünstlerische Thatsachen, die mit dem Anspruch auf Kunstwerth herrisch sich geltend machten, beständig gehemmt wurde. Bis in unsere heutige Zeit – seien wir ehrlich – wirkt dieses Verhängniß nach. Immer noch treten wir an die Kunst mit den Fragen des *Was* und *Warum* heran, mit dem Verlangen, sie uns verstandesgemäß zu erklären, statt aus der bloßen Anschauung heraus die Erklärung zu gewinnen und uns mit neuen Anschauungen bereichern, uns von dem Künstler Neues, noch nicht Erfahrenes erzählen zu lassen. Und wenn uns Maler, wie Böcklin und Thoma, das freie und hohe Recht, uns unserer Phantasie zu erfreuen, wieder schenkten, ja uns zwangen, sie zu bethätigen – wiederum sind wir durch die neueste impressionistische Kunst auf Irrwege geführt worden. Wiederum, so hoch auch deren Vertreter auf den befreienden Einfluß dieser Richtung pochen mögen, wird das Publikum in seiner Verstandesauffassung bestärkt, nur in andrer Weise. Diesmal – sehen wir von den uns aufgezwungenen Deutungen unklarer symbolistischer Darstellungen ab – ist es nicht allein das Gegenständliche, die nüchterne Wiedergabe der Wirklichkeit, welche Interesse nur für den Verstand hat, sondern auch die dem Betrachter sich aufdrängende technische Virtuosität, die uns vom künstlerischen Schauen ablenkt. Sie sehen, wie, auch von dieser Seite betrachtet, das Unkünstlerische, das den Prinzipien des Impressionismus anhaftet, ersichtlich wird und wie das dankbare Bewußtsein von unserer neu belebten Phantasiethätigkeit und die Verpflichtung, sie uns nicht wieder rauben zu lassen, uns zu einer Kritik aller Erscheinungen, welche sie bedrohen, nöthigt und berechtigt!

*

Bis jetzt haben wir immer in einem Athemzug von Böcklin und Thoma gesprochen, als handle es sich um zwei Meister, welche durchaus gleiche Ziele verfolgen und einander nächstverwandt sind. Dies ist aber nicht der Fall. Wohl durften wir große und entscheidende Gemeinsamkeiten hervorheben und noch einige andere kommen hinzu, doch dürfen wir über ihnen nicht die tiefgehenden Verschiedenheiten außer Acht lassen. Das Gemeinsame lag erstens im dichterischen Umgestalten von Naturstimmungen zu rein menschlichen Erscheinungen, und zweitens darin, daß beide Künstler eben aus der Landschaft die Inspiration zu figürlichen Darstellungen gewannen. Als Drittes, ungemein Wichtiges dürfen wir feststellen, daß sie die Natur, wo sie bloß Landschaften schildern, nicht unmittelbar abschreiben, daß sie nicht, wie die Impressionisten, hinausgehen mit Palette und Pinsel, um das, was flüchtig in Lichterscheinungen sich dem Auge darbietet, ohne Weiteres auf die Leinwand zu fixiren, und das so Entstandene für ein Kunstwerk halten, sondern daß sie aus dem Gedächtniß und aus der Phantasie schaffen. Hier tritt uns ihre Verwandtschaft mit den Künstlern großer Kunstperioden besonders schlagend entgegen, denn immer ist bei diesen der Natureindruck hindurchgegangen durch die Phantasie und ist erst dadurch das Kunstwerk entstanden. Die Meister der Renaissance und der holländischen Malerei waren sehr erstaunt, wenn sie hörten, daß ein künstlerisches Werk – es sei denn ein Portrat – durch bloße direkte Nachbildung der Natur entstehen könne. Sie würden sagen: die Natur hat auf uns gewirkt, wir stehen unter ihrem Eindruck, aber wir sind nicht ihre Sklaven, sondern geben sie als Freie wieder, denn wir betrachten die großen künstlerischen Nothwendigkeiten, die nur von der Phantasie bestimmt werden, als entscheidend für die Kunst und nicht die Zufälligkeiten, die sich im unmittelbaren Eindruck der Natur dem Auge aufdrängen. Unmittelbares Abschreiben derselben hat nur Skizzenwerth. Böcklin und Thoma sagen dasselbe. Bei Beiden, die daher auch den Namen der Meister verdienen, weil sie über die Erscheinungen frei gebieten, erstaunt die gleiche unbegreifliche Empfänglichkeit des Gesichtssinnes und die untrügliche Gedächtnißkraft.

Die Natureindrücke, die sie empfangen – es handelt sich eben um wirkliche Impressionen – werden ihnen ein sicherer, allezeit verwerthbarer innerer Besitz, mit welchem sie im Hinblick auf die Erweckung großer einfacher Anschauungen und Stimmungen im Beschauer selbstherrlich schalten. Unbegreiflich, sage ich, ist diese Empfänglichkeit und dies Erinnerungsvermögen. Die Meisten von Ihnen werden es nicht glauben, daß Landschaften, wie die überraschend naturwahren Darstellungen südlicher Gegenden durch Böcklin oder unserer heimischen deutschen durch Thoma, im Atelier entstanden sind mit einziger Hülfe von kleinen Skizzen, die nur Konturandeutungen und allgemeine Farbenbemerkungen enthalten. Und zwar zumeist nicht einmal unmittelbar nach dem Empfang der Eindrücke! Nein, solche Studien, die sich – namentlich bei Thoma – in erstaunlich großer Zahl in den Skizzenbüchern im Verlauf des Lebens angesammelt haben, ruhen oft Jahre, ja Jahrzehnte verborgen im Schranke, bis diese oder jene herausgegriffen und in ein Gemälde umgesetzt wird. Kein einziges der Bilder, die Sie in unserer Ausstellung sehen, ist direkt nach der Natur gemalt. Und doch! Giebt es etwas Naturgetreueres als die Meeresbrandungen Böcklins, als die Taunus-, Rhein- und Schwarzwaldlandschaften Thomas, als seine Darstellung der Gletscherwelt über dem Lauterbrunner Thal? Mit aller ihrer sklavischen Unterordnung unter die momentanen Naturerscheinungen, haben denn je die Impressionisten etwas hervorgebracht, was so überzeugend wirkt? Dies giebt doch wahrlich zu denken! Hier springt *der Unterschied* zwischen künstlerischer *Schöpfung* und bloßen *Naturstudien* doch in die Augen! Daß sie nicht die Natur kopiren, sondern aus der Einbildungskraft heraus gestaltete Eindrücke bringen, das macht diese Gemälde eben zu Kunstwerken, zu Werken der Freiheit, wie sie nur dem schöpferischen Geiste zu eigen ist. Und hier liegt der Schlüssel zu dem Geheimniß, warum jedem solchen Werke ein genereller Charakter innewohnt, warum trotz des ausgeprägt Individuellen der Landschaften eine jede typische Bedeutung für uns hat. Weil nämlich in der Phantasie das Entscheidende, allgemein Kennzeichnende mit Ausscheidung des Nebensächlichen und Zufälligen festgehalten wird und das künstlerisch Gesetzmäßige des Geistes über die Erscheinungen zu gebieten vermag. Und weiter erklärt sich auch die große Einheitswirkung solcher Schöpfungen. Indem der Maler empfangene Eindrücke aus seiner Erinnerung reproduzirt, vermag er in ganz anderer Weise, als der Abschreiber der Natur, die Harmonie der Farben zu gestalten: durch die Bestimmung eines solchen Himmelsblau wird auch ein solches Wiesengrün, ein solches Roth in der Gewandung der Figur – und so fort – bestimmt. Nur so ist das Gesetzmäßige durch Wahl und Vereinfachung zu erreichen, nur so entsteht ein Gebilde, das sein Gesetz in sich selber trägt. Aber freilich – welche Studien nach der Natur müssen vorangegangen sein, soll eine so freie Reproduktion möglich werden! Mich wollte es bei dem Einblick in Thomas Skizzenbücher bedünken, als gäbe es nicht ein Blättchen, nicht eine Blume, nicht ein Geäst, nicht eine Wolkenform, nicht ein Thier, nicht eine Körperbewegung, über die er sich nicht in seiner Lernzeit mit dem Stifte gewissenhaftesten Aufschluß verschafft, als habe er die Formen- und Farbensprache der Natur bis in jede Einzelheit auswendig gelernt. Verglichen mit solchem Schaffen muß die *Thätigkeit der Impressionisten* – ich spreche wie immer in prinzipiellem Sinne – nichts weiter als *Skizzenmalerei* erscheinen, als ein auf halbem Wege stecken gebliebenes und niemals der Vollendung fähiges Bemühen um die Kunst!

Als Viertes und Letztes für die Feststellung der gemeinsamen Eigenthümlichkeiten der Kunst Böcklins und Thomas kommt hinzu, daß bei dieser Neuentdeckung und -gestaltung von Natur und Mensch, bei diesem großen Streben, mit den alten Meistern zu wetteifern, ohne sie nachzuahmen, nothwendiger Weise auch die technische Seite des Schaffens eine sehr große Rolle spielt. Aus dem einfachen Grunde, weil Beide, wie jene Meister, im Hinblick auf ihr hohes Ideal, sehr ausgebildeter Ausdrucksmittel bedürfen und das Technische doch eben nur als unauffälliges Mittel zum Zweck rein künstlerischer Wirkung betrachten. Die handwerklichen Mühen und Kunstgriffe ganz verschwinden zu machen, ist die Aufgabe, denn, wo sie sich dem Beschauer aufdrängen, wird er an der einheitlichen Gefühlsauffassung des Kunstwerkes gehindert. Aber eine solche, ihre eigenen Spuren gleichsam vertilgende Zubereitung und Handhabung der Farben bietet gerade die allergrößten Schwierigkeiten, und da es, wie wir früher sahen, im XIX. Jahrhundert keine Handwerkstraditionen gab, mußten beide Maler zu immer Suchenden und immer neu Findenden werden. Wer ihre Bilder auf die Verschiedenartigkeit der Farbenmischung, -bindung und -anwendung prüfte, würde mit Erstaunen gewahren, wie das, was an sich gar nicht die Aufmerksamkeit auf sich zieht, das Resultat einer fast für jeden Fall besonderen Wahl feinberechneter Mittel ist. Und wie roh und ärmlich müßte ihm die materiell wirkende Farbenbehandlung in den meisten neueren Bildern vorkommen. Will man schon von Raffinement, auf welches sich die Impressionisten so viel zu gut thun, sprechen, so findet es sich in ungleich höherem Grade bei Böcklin und Thoma, auf welch' letzteren in Sonderheit Jene mit hochmüthiger Geringschätzung herabschauen. Ich frage: ist der Musikant, bei dem man auf die Technik achtet, oder derjenige, bei dessen Spiel man gar nicht an sie denkt, der technisch höher Entwickelte? Man sehe die letzten Werke Thomas! Es bleibt unbegreiflich, wie er eine ganze Welt uns vor Augen zaubert, ohne daß er überhaupt noch Farbenmaterie und Pinsel anzuwenden scheint – das nennt man höchstes technisches Vermögen. Aber wir lassen uns von den Kunststückchen der Virtuosen blenden und haben alles Urtheil über das, was auch in dieser Beziehung wahre Kunst ist, eingebüßt!

Damit aber haben wir auch die verwandtschaftlichen Seiten in dem Schaffen Böcklins und Thomas erschöpft, und mit Eindringlichkeit zeigen sich Beide nunmehr in ihrer großen Verschiedenheit. Böcklin, der seine Heimath in Italien fand und sich im Wesentlichen durch die südliche Natur und durch die großen Phantasiegebilde vergangener Zeiten bestimmen ließ; Thoma, der durchaus in der deutschen Natur und Anschauungsweise wurzelt. Böcklin, der immer wieder auch von der Seite schon geprägter dichterischer Vorstellungen angeregt wird, Thoma, der aus einfachsten Bedingungen und Natureindrücken heraus seine Gestaltenwelt vom Bauern- bis zum Paradiesesleben entwickelt. Böcklin, der eigentlich niemals mehr zur bloßen Landschaftsmalerei zurückgekehrt ist, nachdem er einmal zum Mythendichter geworden war, Thoma, der immer Landschaftsmaler geblieben ist und nie das Gefühl für die auch im Schlichtesten sich offenbarende Schönheit verloren hat. Böcklin, im Stofflichen seiner Werke sich beschränkend, Thoma, universell alles Darstellenswerthe verbildlichend. Böcklin, ungestüm, leidenschaftlich, auf große dramatische Momente hindrängend, beherrscht von dämonischen Gewalten der Seele, von derber Drastik in seinem Humor, Thoma aus einem zarten, kontemplativen Erleben der Welt, das freilich auch, wie jedes künstlerische, über den Tiefen geheimnißvoller Seelenerregungen schwebt, aus innigem Sichversenken in Alles und Jedes einer freundlich ihn umschließenden Natur zu einer lyrischen Verherrlichung des Daseins begeistert, immer maaßvoll, natürlich und schlicht, aller Gewaltsamkeit abgeneigt, niemals in Gefahr, wie Böcklin ins Extreme zu verfallen, voll göttlicher Heiterkeit!

Für die Erklärung solcher tiefgehenden Verschiedenheit in ihren Werken ausschlaggebend ist natürlich die Verschiedenheit der gesamten Wesensanlage, der Temperamente. Mit in Betracht aber will der Umstand gezogen sein, daß Böcklin, als der altere, noch enger mit der spezifisch romantischen Anschauung zusammenhängt, und daß zugleich bei ihm auch die klassischen Elemente vom Anfang des Jahrhunderts noch stark nachwirken, nur daß er mit seinem gewaltigen, genialen Schauen und Können aus ihnen etwas ganz Anderes gemacht hat, als man es je vorher sich hat träumen lassen. Thoma, der jüngere, aber gehört bereits mehr einer Zeit an, in der die unmittelbare schlichte Beziehung zur Natur gesucht und gefunden ward und sich die Loslösung von den Einflüssen der Dichtung vollzog zu Gunsten eines frischen Besitzergreifens der Realität nach ihren künstlerisch neu zu verwerthenden Erscheinungen.

Sie sehen die Portrats der beiden Meister in unserer Ausstellung, und ich meine, daß Jeder, der vor sie hintritt, aus den Zügen, aus der Art des Schauens ihrer Augen die Ungleichheit ihrer Weltanschauung und ihres ganzen inneren Erlebens herauslesen und gewahren muß, wie herrlich ihre künstlerischen Naturen sich ergänzen. Wer aber nicht auf solche Selbstbildnisse allein angewiesen ist, sondern, wie der zu Ihnen Sprechende, den einen großen Maler wenigstens noch persönlich kennen durfte und mit dem anderen in einem unendlich beglückenden Freundesverhältniß zu stehen sich rühmen darf, der wird freilich in einem noch viel tieferen Sinne Zeugniß – ich mochte fast sagen – von der inneren Nothwendigkeit des verschiedenen Ausdruckes, welchen deutsches Wesen in diesen beiden großen Erscheinungen gewinnt, ablegen können.

*

Noch sehe ich ihn vor mir stehen, Arnold Böcklin, als mir zum letzten Male die Ehre vergönnt war, ihn zu besuchen, droben in seiner Villa bei S. Domenico in Fiesole. Es war kurz vor seinem

Ende. Gebrochen durch eine schwere Krankheit, gehemmt in seinen Bewegungen und in der Sprache, aber von gewaltigem, vielleicht durch das Leiden noch gesteigertem Eindruck, trat er mir entgegen. Das Haupt auf dem mächtigen Leibe zu vergleichen dem verwitterten Felsengestein, in dessen einzelnen Linien man eine ganze Welt der Vergangenheit zu lesen glaubt, das klare, fast stechende blaue Auge, von der Helle des Gletscherwassers, unentrinnbar bannend. Und aus dieser erhabenen, von stürmenden Kräften erfüllten Gestalt klang ein energischer Freimuth, aber auch die große Menschlichkeit und Güte zu mir, die Allen, welche die Welt mit reinen Künstleraugen geschaut und sie bereichert haben, eigenthümlich ist. Eines der letzten Worte, die ich von ihm vernahm, ist mir unvergeßlich geblieben. Als ich ihm von einem jungen höchstbegabten Strebenden sprach, der eigene Wege in seiner Kunst eingeschlagen habe, entrang es sich mühsam, begleitet von einem unbeschreiblichen Ausdruck der Augen und von einer wie in die Ferne deutenden Bewegung der Hand, seinen Lippen: *Ja, seine eigenen Wege gehen!* Als faßte er in diesem Augenblick alle Erinnerung an seine Vergangenheit zusammen.

Böcklins Lebensgang ist, nach den äußeren Schicksalen, bezeichnend für den Charakter seiner Kunst: sein Leben war getheilt zwischen dem Süden und dem Norden. Er ist der Deutsche, der Germane, der, von unwiderstehlichem Drange getrieben, den Süden sucht, und dem diese Welt eine zweite, ja künstlerisch die eigentliche Heimath wird, der aber doch immer wieder von Rom und Florenz in den Norden zurückgekehrt ist, als müsse er sich dieser seiner eigenen Abstammung und seiner ursprünglichen Heimath vergewissern. Einer Schilderung und Charakteristik seiner Werke, der ganzen großen neuen, unseren Blicken erschlossenen Welt, in deren erregenden und zwingenden Gestalten und Farben sein wuchtiges leidenschaftliches Wesen sich von sich selbst befreite, bin ich überhoben. Diese Anschauungen und Vorstellungen sind zu dem Besitz eines Jeden geworden! Ich darf es bei einem kurzen Überblick über die Entstehung des Stiles und der Werke bewenden lassen.

Er wurde im Jahre 1827, als Angehöriger einer einfachen Familie, in Basel geboren, und ging, seine malerische Begabung auszubilden, 1845 nach Düsseldorf, wo er in die Schule Schirmers eintrat, jenes Künstlers, dessen wir als Landschaftsmalers schon gedachten. Berichte von einem Freunde Roller, die uns erhalten sind, belehren darüber, wie fleißig und bestrebt er den Anweisungen des wohlwollenden Lehrers gefolgt ist, wie aber seinem eigenen Drange doch das, was er in Düsseldorf sah, nicht entsprechend dünkte. Er blieb dort nur bis 1847. Es trieb ihn in ein anderes, höheres künstlerisches Reich, und so wanderte er nach Belgien. Ob damals während eines kurzen Aufenthaltes schon die frühen flandrischen Gemälde ihn entzückt? In seinem späteren Leben hat er eine ausgesprochene Vorliebe für sie und ihre starken leuchtenden Farben gehabt, und immer, wenn auf diese großen Koloristen die Rede kam, hatte er nur Worte der Bewunderung, was anderen Schöpfungen älterer Kunst gegenüber häufig nicht der Fall war, da er bei dem kraftvoll bewußten Verfolgen eigener Ideale in seiner derb dreinfahrenden Art das ihm nicht Entsprechende ablehnte. Manche aburtheilende Aussprüche über die italienische Kunst, über Rembrandt und Andere hat man gesammelt, und sie sind neuerdings gegen ihn und seine Kunst ausgespielt worden. Sehr mit Unrecht, denn es waren hierunter Worte, die in herausfordernder Gesellschaft und in Weinlaune fielen, und die man besser nicht fixirt hätte. Wollen doch solche Reden aus vorhergehenden Gesprächen, aus momentanen Beschäftigungen und Erregungen erklärt und nicht als entschiedene Meinungen und Thesen aufgefaßt und bewahrt sein. Ihre Verewigung wäre gewiß nicht im Sinne des Künstlers.

Von Belgien nach der Schweiz zurückgekehrt, wo er einige Wochen bei Calame war, ging er 1848 nach Paris, inmitten der Unruhen der Revolution fleißig arbeitend, traf 1849 wieder in Basel ein und zog 1850 nach Italien. Nur einige Landschaften sind aus der ersten Periode seines Schaffens erhalten; sie erregen unser Interesse durch ihren ganz romantischen Geist: Felsen, Tannen, Ruinen, düstere Schluchten und Ähnliches. In diesen Arbeiten liegt für den verständnißvoll Schauenden schon deutlich das Dichterische und Leidenschaftliche seiner reiferen Naturauffassung vorgezeichnet. Es ist falsch zu sagen, daß seine spätere Kunst eine unvorbereitete und nicht in seinem Wesen ursprünglich begründete sei.

Im Jahre 1850 also kam er nach Rom und blieb dort bis 1857. Hier verschwinden nun vor dem hellen Lichte der italienischen Sonne die düsteren Visionen des Nordens. Er beschäftigt sich fleißig mit Studien nach der Natur, zu gleicher Zeit aber tritt er auch der Antike, sowohl deren Dichtung als bildenden Kunst, nahe. Es entstehen Landschaften, wie eine hier in der Ausstellung zu sehen ist, welche die Campagna mit zwei Madchen am Brunnen darstellt. In diesem Werke und anderen verrathen sich die Beziehungen, die er zu dem Maler Dreber gewinnt. Antikische Staffage, wie der Kentaur und die Nymphe auf dem Berliner Bilde, findet sich in den Gemälden ein. Er schloß mit Paul Heyse Freundschaft und begegnete 1856 Anselm Feuerbach, der damals Bahnen einschlug, die eine Zeitlang eine den Böcklinschen ähnliche Richtung bezeichneten. Mit Angela Pascucci verehelicht, kehrte er nach Basel zurück, noch in sehr kümmerlichen Verhältnissen lebend. Aufträge des Konsuls Wedekind in Hannover verschafften ihm die willkommene Gelegenheit, Wandgemälde auszuführen. Er schildert in ihnen die Beziehungen, die der Mensch zum Feuer hat, und schon tauchen Motive auf, die später vielfach von ihm ausgestaltet worden sind. Lange aber hat er es in der Heimathstadt nicht ausgehalten. Es zog ihn 1859 nach München, wo er die ersten Beziehungen zum Grafen Schack gewinnt, dem wir, wenn er auch den Genius des Künstlers nicht erfaßte, das Verdienst zuerkennen müssen, daß er ihm lange Jahre hindurch Aufträge gab und dadurch eine freiere Existenz ermöglichte. Mit Lenbach wirkte er dann 1860 - 1862 als Lehrer an der Akademie in Weimar. Aber für eine so eng beschränkte Möglichkeit künstlerischer Bethätigung war er nicht geschaffen. Im *Pan im Schilf* und *Pan jagt den Hirten Schrecken ein* haben wir charakteristische Beispiele für die Entwicklung in figürlichen Darstellungen, welche während jener Münchener und Weimarer Jahre eintrat.

1862 begab er sich zum zweiten Male nach Rom und nahm hier seinen Aufenthalt bis zum Jahre 1866. Mit wachsender Sicherheit erfaßt er das Ideal einer stimmungsvollen Landschaft, in welche ideales Menschenthum einbezogen wird. Wichtig wird hierbei für ihn die nun gemachte Bekanntschaft mit der Pompejanischen Wandmalerei, deren Stil und Technik ihn in hohem Grade fesselt. Die Kraft einfacher großer Farbenwirkungen und die klare Bestimmtheit der Kompositionen werden ihm vorbildlich und helfen ihm bei der Ausbildung seines persönlichen Stiles, ja, man kann sagen, ihre Nachwirkung ist bis an das Ende seiner Thätigkeit zu spüren. (Vergleichen Sie die Francesca da Rimini in der Ausstellung.) Eine bemerkenswerthe Vereinfachung und Verstärkung im

Landschaftlichen tritt ein: die Villa am Meere ist damals entstanden, die Klage des Hirten, die Weinschenke und Ähnliches. Und damit kam er der nachdrücklichen Deutung der Naturgeheimnisse einen bedeutenden Schritt näher.

Im Jahre 1866 kehrte er wieder nach Basel zurück, wo er bis 1871 blieb. Er erhält die Aufträge auf die Fresken im Treppenhaus des Museums und malt das Sarrasin'sche Gartenhaus aus: in großen figürlichen Kompositionen gewinnt seine dichterische Phantasie zunehmende Befreiung. Eine an Schöpfungen sehr fruchtbare Zeit! Damals entsteht die erste Fassung der Quellnymphe, die er wiederholt dargestellt hat; eine hell und zart behandelte Version ist Ihnen in unserer Ausstellung zu sehen vergönnt. Es entsteht die Klage der Magdalena am Leichnam Christi, jetzt in dem Baseler Museum. Im Affekt höchst gesteigerte Momente auch des Christlichen beschäftigen von nun an den dramatischen Bildner mythologischer Vorstellungen. 1871 ist er wieder nach München gegangen und hat dort bis 1874 gelebt. Es ist die Zeit, in welcher am gleichen Orte Leibl und Thoma ihre künstlerische Eigenart entwickeln. Er gewinnt an Bayersdorfer einen Freund, der ihn versteht, der mit vollem Nachfühlen seiner Kunst gegenübertritt. Er bricht mit den letzten Banden, die ihn noch fesselten, in gewaltigen, kühnen Werken, wie dem Selbstbildniß mit dem Tode, dem Kentaurenkampf und dem Spiel der Wellen, mit welchem die Schilderung der wilden einsamen Größe und Gewalt der Gestaltenwelt des Ozeans anhebt. Der vor dem Grotesken nicht zurückscheuende deutsche Humor, der eine so starke Note in seinem Schaffen wird und so seltsam mit dem Erhabenen sich kreuzt, gewinnt seine Rechte.

Dann, 1874, ist er wieder nach Italien gegangen, diesmal aber nach Florenz, wo er bis 1885 angesessen war. Es ist die Periode, von der man sagen kann, daß er nun ganz sich selbst in Freiheit gefunden und seinen persönlichen Stil in eindringlichster Form und mit schärfster Bestimmtheit formulirt hat, indem er, Farben entfesselnd und bändigend, Landschaft und Mensch zur Einheitlichkeit zwang. Eine Reihe herrlicher Werke gehen aus seinem Atelier hervor: wie die Todteninsel, das Gefilde der Seligen, der heilige Hain, das Heiligthum des Herakles, die Pietà (in Berlin), Dichtung und Wahrheit und die beiden in unserer Ausstellung gezeigten: Clio und das Schweigen im Walde.

Dann folgt von 1885 bis 1892 der Aufenthalt in Zürich, der ihn mit Gottfried Keller in Beziehung bringt und Schöpfungen zeitigt, wie jene unvergleichlich schöne, so ganz besonders deutsch empfundene *Heimkehr*, *Es lacht die Au* (beide in der Ausstellung), wie das Spiel der Najaden und das Triprychon: Vita somnium breve. Ich kann auch hier nur einige Hauptwerke anführen, um Ihnen die weiteren Fortschritte seines Schaffens in Erinnerung zu rufen.

Endlich von 1892 an ist er wieder in Italien angesessen, in der Villa zu Fiesole, bis zu seinem Tode 1901. Die Phantasie und die Schauensgewalt steigert sich bis zur Gewaltsamkeit, bis zum Grellen in den Farbenwirkungen, zum Übermaaß in den Bewegungserscheinungen; wie das Wellengewoge in seinen Meeresbildern stürmt es in seinem Geiste. Wem haben sich nicht neben noch gemäßigteren, wie dem Triptychon : Venus genitrix (auf unserer Ausstellung), so ungestüme Gebilde, wie die Pest, der Krieg, die Ruine am Meer (auf der Ausstellung) eingeprägt? Es ist ein letztes und äußerstes Betonen der Freiheit, die sich der Künstler errungen. Staunend, ja in fieberhafte Erregung versetzt, bleiben wir vor Gestaltungen stehen, in denen die Harmonie seiner früheren Zeit zu Grunde zu gehen scheint. Niemand aber, der die nothwendige Steigerung in dieser Thätigkeit verfolgt und die mit einander ringenden, von uns noch zu betrachtenden Elemente erkennen gelernt hat, wird es wagen, Kritik auszuüben, vielmehr mit Schauer angesichts eines Strebens, das bis zu so ungeheurem Ausdruck der Affekte gelangte, sich bewußt werden, wie leidenschaftlich die Seele, wie kühn die Phantasie und wie feurig die Schauenskraft dieses großen Malers waren.

VIII. Böcklin und Thoma. Neueste Erscheinungen. Der Blick in die Zukunft.

Es war Ende der achtziger Jahre, daß es mir zum ersten Mal vergönnt war, Hans Thoma in Frankfurt aufzusuchen, draußen in der Wolfgangstraße in einem kleinen Hause, dessen Gärtchen an die Felder gränzte. Auf einer schmalen Treppe, vorbei an blumengeschmückten Fenstern, stieg man empor zu der Werkstatt des Meisters, Werkstatt, denn nur von Thätigkeit sprach dieser Raum. An den Wanden rings herum Regale, mit grünen Vorhängen verhangen, in der Mitte die Staffeleien und das Arbeitszeug, und als einziger, aber liebreicher Schmuck ein großer Epheustock, dessen Zweige vom Fenster her sich an den Wänden und an der Decke hinzogen. Dort vor seiner Staffelei saß er bei der Arbeit, eine kleine, kräftige, breite Gestalt, ein Kopf, breit und mächtig in der Gesamtform, mit feinen, ja zarten Zügen. Was aber mein Auge sogleich besonders auf sich zog, das war der Blick seiner Augen, der bald eng zusammengehend mit großer Schärfe und unerschütterlicher Festigkeit die kleinste Einzelheit vor sich zu erfassen schien, bald sich öffnend zu einem Umspannen gleichsam der ganzen Welt sich erweiterte. Bald erhielt ich auch den Einblick in die Kunst des Meisters. Er ging zu jenen Regalen und schob die Vorhänge zurück. Da standen zu Hunderten aneinandergereiht die Gemälde, die heute in öffentlichen Sammlungen und in privatem Besitz in Deutschland und über Deutschland hinaus zerstreut sind, wie Bücher neben einander geordnet. Und eines nach dem anderen wanderte aus den Ständern auf die Staffelei: Landschaften der verschiedensten Art, Stillleben, Porträts, Szenen aus dem Bauernleben, mythologische, religiöse Darstellungen, allgemeine, nicht näher zu bezeichnende Phantasieen. Als etwa dreißig Bilder an meinem Blick vorübergezogen waren, bat ich ihn, innezuhalten, denn was mir da entgegentrat, war ein so Unermeßliches, daß ich, innerlichst ergriffen und von der Fülle der Gesichte überwältigt, nicht mehr im Stande war, zu schauen. Welch' ein Schaffen! Meisterwerk neben Meisterwerk in diesem Atelier verborgen, von der Welt nicht gekannt!

Es klang so alt und war doch so neu,
Wie Vogelsang im jungen Mai.

War mein Erleben so stark und so geheimnißvoll erregend, daß es sich nicht in Worte fassen ließ – Eines rang sich doch zum Bewußtsein durch, jubelnd stieg in mir die Erkenntniß auf: das ist deutsch! und Alles, was deutsch ist, ist in dieser Kunst zu finden. Und in meiner Phantasie tauchte das Bild eines Ateliers in Nürnberg, jene Werkstatt großer Kunst, in der Dürer seine Schöpfungen vollbracht hat, auf. Und dann, als ich wieder das Auge auf die schlichte, starke, innige Persönlichkeit vor mir richtete, erschien mir eine zweite Gestalt, die jenes Dichters in den *Meistersingern von Nürnberg*, dem der Flieder so mild duftete, *daß er etwas sagen solle.* –

So einfach wie das Wesen, das in den Zügen dieses Mannes sich offenbart, und wie diese große Kunst, die sich mir erschloß, ist das Leben des Meisters den äußeren Begebenheiten nach gewesen. Droben im Schwarzwald, in der Nähe von St. Blasien, in einem hochgelegenen, von sanftlinigen Bergen umrahmten Thal wurde Hans Thoma zu Bernau im Jahre 1839 geboren. Früh zeigte sich seine Begabung. Als Knabe schon lernte er die Kunst, die in diesen Dörfern zu Hause ist, die Uhrenschildmalerei. Der Oberamtmann wurde aufmerksam auf ihn. Durch dessen Vermittlung kam Thoma 1859 auf die Kunstschule in Karlsruhe, wo er seinen Hauptunterricht bei Schirmer genoß, demselben Maler, der in Düsseldorf Böcklins Lehrer gewesen war und für dessen freundliche Theilnahme der Schüler eine dauernde Dankbarkeit bewahrt hat. Im Winter wurde fleißig in der Akademie gearbeitet, im Sommer aber, während der Ferienzeit, zog der Jüngling immer wieder hinauf in seine Heimath, und dort, auf den Feldern und Wiesen, im Walde, offenen Auges für den großen, weiten Himmelshorizont, wie für jedes Blümchen im Grase, bildete er Sinn und Hand aus.

Im Wald und auf der Vogelweid,
Da lernte er das Singen.

Bis 1868 ist er Schüller der Akademie geblieben. Lange schon aber drängte es mächtig in ihm nach einer anderen, freieren Lehre, als sie ihm dort geboten werden konnte. Im freudigen, innigen Verhältnisse zur Natur hatte er seine besondere Richtung, seine persönliche, unabhängige Kunstanschauung gewonnen. Nun suchte er gleichsam eine Bestätigung derselben und wanderte 1869 nach Düsseldorf, weil er glaubte, sie hier zu finden, in dieselbe Stadt, in die es auch Böcklin früher gezogen hatte. Aber wie dieser verweilte er nur kurze Zeit in ihr, denn er fand sich in seinen Erwartungen enttäuscht. Er beschloß, nach Paris zu gehen, dorthin, wo durch die Künstler von Fontainebleau die Landschaftsmalerei zu hoher Blüthe gelangt war. Er sah die Werke Corots, Rousseaus und der Anderen, und lernte Millets Verherrlichung des tiefen Einklanges zwischen Bauernleben und Natur, dem er selbst schon aus eigenstem Antriebe seine Malerei gewidmet hatte, kennen. Was aber sein Auge und seinen Geist besonders fesselte, war einerseits die Kunst der alten Meister, die er im Louvre studirte, und andererseits die energische, leidenschaftlich mit der Natur ringende Malerei Courbets. Und von beiden Seiten erhielt er die tröstlich bejahende Antwort auf die oft gestellte Frage, ob sein Ideal, das mit den Bestrebungen der Kunstschulen seines Vaterlandes nichts zu thun hatte, zu verwirklichen sei. Den alten Meistern und Courbet verdankt er, ohne sich die einen oder den anderen direkt zum Vorbild zu nehmen, was Stilgefühl und malerische Naturauffassung anbetrifft, die Versicherung seiner eigenen Kraft und das erhebende Bewußtsein, auf einem richtigen und großen Wege zu sein. Manets Kunst – von der dies neuerdings behauptet wurde – hat keinen Eindruck auf ihn hervorgebracht.

Nach kurzem Verweilen ist er von da nach München gegangen, wo er sich von 1870 bis 1877 aufgehalten hat und die Bekanntschaft mit verschiedenen Künstlern machte, unter denen *Viktor Müller* ihm besonders theuer wurde, ein reichbegabter Maler, einer der bedeutendsten unter den Strebenden jener Tage, der sich an feurigem, idealem Wollen Feuerbach vergleichen läßt, an Fülle, Wärme und Üppigkeit malerischen Gefühles ihn übertraf. Mit Leibl und Böcklin, der bis 1874 in München weilte, trat er in persönliche, freilich nur vorübergehende Beziehung, auch mit Bayersdorfer. Erstaunlich schnell und mannigfaltig entwickelte sich nach Technik, Stil und Phantasie seine Kunst. Aber die Aufnahme, die ihr zu Theil wurde, entsprach ihrer Bedeutung in keiner Weise. Vielmehr wurde diese vollständig verkannt. Wie oft hat er, ohne jede Bitterkeit – denn dergleichen kennt sein schaffensfreudiges Wesen nicht – davon zu erzählen gewußt, wie die Werke jener Zeit, die auf unserer Ausstellung durch *die Geschwister*, den *Frühsommer*, das *Selbstporträt*, den *Abend im Gärtchen* vertreten ist, nur Gegenstand allgemeiner Belustigung in den Ausstellungen waren, und daß er selbst oft genöthigt gewesen, die spöttischen Bemerkungen der Künstler und des Publikums zu vernehmen. Sein Name wurde nur in jenem Sinne bekannt, und er zog sich mehr und mehr vom Ausstellungswesen zurück.

1877 siedelte er auf Rath und Aufforderung Doktor Otto Eisers, der ein leidenschaftlicher Bewunderer seiner Kunst geworden war, nach Frankfurt über, wo er in stiller Abgeschlossenheit von der Welt, in glücklicher Ehe mit einer künstlerisch begabten und thätigen Frau, mit Mutter und Schwester innig häuslich verbunden und im Verkehr mit einigen Freunden, wie Eiser, Eduard Küchler, der Familie Scholderer und Wilhelm Steinhausen in einfachsten Verhältnissen und rastloser Arbeit lebte. Lange Zeit noch blieb die Werthschätzung seines unvergleichlich reichen Schaffens auf den kleinen Kreis der Freunde beschränkt. Erst seit 1890 durfte er es erleben, daß seiner Kunst wachsende allgemeine Aufmerksamkeit und Bewunderung in Deutschland geschenkt wurde. 1899 ward er als Direktor der Kunsthalle in seine Heimath, nach Karlsruhe, berufen, wo er – seit einigen Jahren ein Ehrendoktor unserer Heidelberger Universität – sich unermüdlich weiter bethätigt, noch so jung an Empfänglichkeit, Geist und Schöpferlust, daß alle die zahlreichen Werke, die dort entstanden sind und entstehen – Beispiele in unserer Ausstellung: die Fortuna, die Birke, der Blick ins Lauterbrunner Thal – an großer Auffassung, frischem Erleben der Natur und Farbenkraft die älteren noch zu übertreffen scheinen.

Ein schlichter Lebensgang, aber welch' ein reiches Dasein! Die Zahl der Bilder Thomas, die mir – gelegentlich der bis zum demnächst erscheinenden V. Bande gediehenen Herausgabe seiner sämtlichen Gemälde (Heinrich Keller, Frankfurt a. M.) – bekannt geworden sind, beläuft sich auf etwa siebenhundert, wobei ich die Aquarelle nicht mitzähle, und gewiß sind meinen Nachforschungen noch viele entgangen. Dazu kommen die über hundert zahlenden Steindrucke und Algraphieen, in denen er einer älteren Technik neues volksthümliches Leben verlieh, die Radirungen und die ausgeführten Zeichnungen. Schon äußerlich, bloß der Menge der Erzeugnisse nach, eine fast unbegreifliche Thätigkeit, unbegreiflich aber noch mehr durch die Erscheinung, daß jedes von allen diesen

Gemälden seinen besonderen Charakter in Farbe, Technik und Erfindung besitzt und jedes in seiner Weise vollendet ist. Viele von Ihnen werden sich schon angesichts der sechzig hier ausgestellten Bilder selbst gefragt haben, ob etwas Ähnliches an Reichthum und Verschiedenartigkeit künstlerischer Erscheinungen jemals in dem Schaffen eines Künstlers zu Tage getreten ist, und diese Frage hat ihre Berechtigung. Woraus erklärt es sich, daß dieser Maler niemals in eine Manier verfiel, daß niemals die Fülle seiner Einbildungskraft und die Leichtigkeit seines Gestaltens die Vollkommenheit des einzelnen Werkes beeinträchtigte? Aus der immer neuen, immer unvoreingenommenen Anschauung der Welt, aus dem immer lebendigen Umgestalten des Erschauten in der Einbildung, aus der Reinheit und Gesundheit, in der sich seine Phantasie durch den steten Kontakt mit der Natur erhielt, aus einem wundervoll jungen Walten der Kraft der Liebe und der Kraft des Glaubens!

Von kleinen Anfängen entwickelte sich diese Kunst bis zu größten Höhen, von Anfängen, die wir in dem Leben des Knaben auf den heimathlichen Schwarzwaldhöhen suchen müssen. Was war da vom Aufgang der Sonne bis zu ihrem Untergang nicht Alles zu gewahren! Und mit welchem Entzücken ward es von diesem Kinderauge geschaut! Eine ernste und doch freudige Wirklichkeit von Natur und Arbeit. Und über sie hinweg strebend: große, weittragende Träume.

Am frühen Morgen hinaus vor das Haus, das alte, wettergebräunte, mit dem tief herabreichenden Dach und dem still rauschenden Brünnlein, wo der Hahn seinen tagverkündenden Ruf erschallen läßt, der Bursche die Sense wetzt, um das thaufrische Gras zu mähen, und der Saemann, den Samen im Sacke sammelnd, sich zur Arbeit rüstet. Und dann mit den ersten Sonnenstrahlen hin über die grünen Wiesen zu dem Acker, wo die feierliche, der Erde geweihte Arbeit sich vollzieht. Wie gläubig und hoffnungsvoll der Blick des Jünglings den Himmel sucht, indessen seine Hand mit weitem Schwunge die Körner ausstreut – wie trüb und sorgenbeschwert das Auge des greisen Bauern, in dessen Zügen die Leiden des Lebens sich tief eingeprägt haben, nach niederwärts sich richtet, hin zu den Schollen, zu dem Dunkel, in das der Alte selbst bald hinabsteigen wird! Und hinter dem Felde, wie viele Herrlichkeiten breiten sich da nicht aus! So traulich schwätzt, über braunen Grund rauschend und glitzernd, der von den Höhen eilende Bach, in tausendfaltiger Blumen Pracht stehen die Wiesen, in dem zu den Wellen sich herabneigenden Gesträuch singt das Vöglein, dem es sich gar lieblich lauscht, blaue Libellen flattern hin und wieder, und am Himmel droben ziehen die Wolken, bald in schimmernder Weiße über den Bergen emporsteigend, bald in eiligem Gedränge das Blaue verdeckend, bald sich in zarte Dünste auflösend, bald sich zu grauen Massen zusammenballend. Unermeßlich reich an Eindrücken ist solch ein Tag, da draußen verlebt. Dann, wenn er sich zu Ende neigt, wenn rosa Streifen den letzten Abglanz der Sonne der Erde spenden und friedlich auf Haus und Gärtchen die Dämmerung sich herabsenkt, empfängt so freundlich auf sauber gedecktem Tische, an dem die Ahne in ihrer großen alten Bibel gelesen, die Kinder mit heißem Bemühen ihre Schularbeiten gemacht und die Schwester fleißig genäht hat, der bunte Feldblumenstrauß die Heimkehrenden. Und bald wird es Nacht. Da zieht der Bursche mit der Geige hinaus unter den alten Birnbaum und läßt durch die dunkelnde Bläue sehnsüchtige Töne in die Ferne erklingen. Geheimnißvoll leuchtet das Roth der Blumen im Garten neben ihm und silbern steigt der Mond über die schweigenden Wälder und Berge empor. Vielleicht dann noch ein heimliches Stündchen bei der Großmutter, die aus ihrem Märchenschatz erzählt: die engen Wände des Bauernhauses verschwinden, ein ganz anderes, weites, wunderbares Reich thut sich auf und geleitet hinüber in die Gesichte der Nacht.

Wie der Knabe solch tägliches Dasein durchlebt und wie er ein Feierliches und Heiliges in dem tiefen inneren Zusammenhang des menschlichen Waltens mit den Vorgängen der Natur zu empfinden gelernt hat, mußte ihm jedes Einzelne seiner näheren und ferneren Umgebung bedeutend und wichtig erscheinen, vom kleinsten Steinchen am Quell und vom unscheinbarsten Halme bis zu dem Wandern der Wolkenschatten über die Erde, bis zu dem allumfassenden Strömen des Sonnenlichtes über die weiten Räume, bis zu dem großen Wechselgespräch zwischen der Erde und dem, was unendlich sich darüber ausbreitet. Das ist des Künstlers Blick, der mich bannte, da ich ihn zum ersten Male sah, der Blick, der das Kleine wie das Große erfaßt.

Und als der Knabe zum Jüngling, zum Manne ward, als er, von seinem Heimathsthal über die Höhen wandernd, die weite Welt erschaute, da wurden die Träume seiner Kindheit mächtig und begleiten ihn, wohin er kommt. Da bevölkert sich auch ihm Wiese, Hain, Wald, Luft und Wasser mit den Geschöpfen seiner Einbildungskraft. Da sieht er im Buchenwald gleich einem jungen Stamm den Faun, der sein Lied blast; da tanzen im goldenen Abendlichte, von sanften Gewändern umflossen, Frauen den Reigen; da hält im Dunkel der Nacht der Ritter die Wacht über friedlichem Thale; da zieht auf farbiger Kugel das Glück über grüne Wälder und blaue Berge hin; da treiben wilde Nixen ihr Spiel in mondbeschienenen Wellen; da gleitet blumenbekränzt, vom Delphin getragen, ein holdes weibliches Wesen durch südliche regungslose Fluthen; da strecken sich junge braune Körper gen Himmel, mit dem Pfeil die an düsterem Himmel flatternden Vögel herabzuholen; da jauchzt, aus schäumenden Meereswogen aufsteigend, das Wasserweib der Sonne entgegen. Wesen ohne Namen, aus Naturstimmungen geboren, zeitlos und unbedingt – verständlich einem Jeden, dessen Phantasie sich willig und thätig zeigt. Wie auch konnten wir das junge Weib im rosa Gewande, das, von nackten Kindern umspielt, über die blumige Matte dahinschreitet, benennen? Was wissen wir davon, wer der scheue Ritter ist, der von einem kleinen Liebesgott zur kränzewindenden Frau am Bachesrand geführt wird? Ist es Genovefa, die sich inmitten von Rehen unter den Tannenbäumen niedergelassen hat? Ist es der junge Thor Parzival, der durch den Frühlingswald reitet? Was kommt es auf Namen an! Lernen wir nur mit dieses Dichters Augen schauen, dann wird auch für uns die Welt an Gestalten reicher. Dann sehen wir, daß weiße Sommerwolken ganz aus frohen Kindlein bestehen, die mit einander Musik machen, wobei es denn geschehen kann, daß, wenn der geballte Dunst sich auflöst, einer der munteren Gesellen herabfällt, aber ohne Schaden zu nehmen, denn gerade fliegt ein Vogel vorbei, auf den er sich schwingt und wohlgemuth von dannen zieht – Gott weiß wohin! Wir sehen auch die kleinen Geister, die sich auf den Wiesen zu schaffen geben, und denen wir den Regenbogen verdanken. Und wissen wir nur, sie uns zu Freunden zu machen, dann begleiten sie auch uns, wie die Frau, die mit dem heu- und blumenbeladenen Esel heimkehrt. Was sie der zuraunen, das möge sich Jeder selbst deuten und sagen. Das eben ist es – diese verschwenderische Künstlerphantasie macht uns selbst schöpferisch, giebt uns die Freiheit, eigene Gefühle und Vorstellungen aus den ihr verdankten Eindrucken zu entwickeln!

Zugleich aber öffnet uns Thoma auch die Augen für nie zuvor beachtete Herrlichkeiten im Kleinen und Großen, in Farben und Formen der Wirklichkeit. Mögen wir nun mit ihm von Höhen des Schwarzwaldes über blühende Wiesen hinabblicken oder dem schäumenden Strudelspiel der Stromschnellen des Rheines zuschauen, im deutschen Waldesdickicht uns verlieren oder den Blick durch Ölbäume über die Campagna schweifen lassen – gleichviel! Was seinem Auge in der Welt sich darbietet, ist schön, weil in Allem seine Seele sich wiederfindet, und wird für uns schön, weil er Allem die Herzenssprache abgewinnt. Ob es die hellschimmernden Berge und Seen des Südens oder nordische Gebirge und ungestüm an den Strand brandendes Meer, ob es die Edelkastanien auf den Wiesen des Taunus, die Büsche am Ufer des Main, die Gletscher der Alpen sind – so, wie es uns hier erscheint, hatte alles dies noch kein Malerauge gesehen, noch keine Künstlerhand wiedergegeben. Jede Erscheinung der Natur wird durch seine Phantasie zu innerster Kraft und Bedeutung belebt, und in jedem Bruchstück ist gleichsam die ganze Natur wirkend vorhanden. Genügt aber die Wirklichkeit einmal der Sehnsucht nicht mehr, dann tauchen Wundergegenden auf, dann zieht er uns mit sich in die Wonnen erträumten, ursprünglichen Lebens, in die jauchzende Lust des in hellsten Sonnenfarben schimmernden Paradieses, entrückt er uns auf selige Inseln, dorthin, wohin mit goldenen Fittichen Wundervögel *über Flachen, über Seen* ziehen. Und auch dies wird uns zur Wahrheit und Gewißheit. Es will nur erschaut sein.

Derselbe Geist aber, der mit so offenem Blick alle Gestalten der hellen Außenwelt erfaßt, versteht es auch, die tiefsten, dunkelgeheimnißvollen religiösen Erlebnisse der Seele ans Licht zu bringen und zu veranschaulichen. Er läßt uns mit den drei Königen und den Hirten traulich der Stätte heiliger Mutterliebe nahen, auf die sich der Himmelsglanz herabsenkt, vertrauensvoll mit der geweihten Familie über die sanft von Strahlen überströmte weite Erde wandern; er zieht uns hinab in die tiefblaue Nacht, in der Christus dem Nikodemus das Seelenheil verkündet; zeigt uns die Verheißung, die hinter dem sterbenden Erlöser aus dunklen Wolken in

Himmelsfeuer auflodert; versetzt uns in den Frieden des Todes, der von Engeln behütet wird, hin auf die dräuende Woge des Meeres, über der uns mit Petrus nur der Glaube erhält, nieder auf die Kniee mit Magdalena, in deren Blick sich der Ostersonne Aufgang wiederspiegelt.

Welch' ein großes, Alles umfassendes Schauen! Welch' ein Unergründliches inneren Erlebens! Welch' eine Kraft der Liebe! Und dabei welch' ein reines Kindergemüth! Ja in diesem, da liegt eben das Geheimniß. Wollen wir seine Kunst uns ganz zu eigen machen, so müssen wir selbst wieder Kinder werden. Nichts in ihr ist uns dann mehr fremd, sondern Alles so innig vertraut, so ganz natürlich und nothwendig. Dann erwirbt, wie allezeit in Kinderaugen, auch für uns die Natur wieder ihren Unschuldstag. – –

Bei allem Reichthum der Sinnlichkeit und der Phantasie hat Thomas Kunst einen fest ausgeprägten Stil. Fern ist ihr alle Willkür. Jedes ihrer Werke lehrt von großen Gesetzen, die in ihr walten. Von Neuem drängt sich hier ein Vergleich mit Böcklins Schaffen auf, der uns die Verschiedenheit der beiden Meister ganz klar macht. Nur in Andeutungen brauche ich zu wiederholen, was ich in zwei kleinen Schriften: *Arnold Böcklin* und *Hans Thoma, Betrachtungen über die Gesetzmäßigkeit seines Stiles*, die soeben (in Carl Winters Verlag, Heidelberg) erschienen sind, ausführlich dargestellt habe.

In Böcklins Gemälden sehen wir zwei Welten zu einem Bunde vereinigt. Wir haben sie kennen gelernt: die eine ist das malerische Ideal der modernen Landschaft, die andere das plastische Ideal des antiken Menschen. Dieser wird in eine Landschaft einbezogen, die dem Bedürfniß der modernen Seele, sich in der Natur wiederzuerkennen, entspricht. Hierdurch, wie mich dünkt, wurden die wesentlichen Stilerscheinungen bedingt. Indem einerseits die Landschaft dem Menschen angenähert werden muß, hat sie einen plastischen Charakter in ihren Einzelgebilden anzunehmen, indem andererseits der Mensch in der Natur aufgehen soll, muß er von seiner plastischen Bestimmtheit einbüßen. Jene scharfe, körperliche Ausgestaltung der landschaftlichen Einzelheiten wird erstens durch die Wahl der südlichen Natur mit ihrer klaren Abgegränztheit des Gegenständlichen, das in jedem Detail durchgebildet wird, und zweitens durch kräftige Betonung der Farbenverschiedenheiten und -

kontraste behufs eines deutlichen Sichabhebens der einen Erscheinung von der anderen erreicht. Felsen, Bäume, Wolken, Wellen erhalten eine so ausgeprägte Körperlichkeit, daß sie, von starkem Eindruck, dem menschlichen Organismus gleichsam verwandt, eine Art Gleichberechtigung mit diesem als Form gewinnen. Der Mensch aber muß an Bestimmtheit seines ganzen Gefüges verlieren und sich den Elementen, dem Animalischen und der Vegetation anbequemen. Da erfahren die Frauen, oft bis zur Körperlosigkeit entmaterialisirt, bei sinnendem träumerischen Dasein eine Umwandlung in der äußeren Erscheinung nach der Seite des sensitiven Blumen- und Pflanzenhaften, da wird bei den männlichen Wesen durch Betonen des drastisch Sinnlichen, durch Steigern der Affekte bis zum Grotesken, Gewaltsamen, Dämonischen die Annäherung an das Elementare und Thierische erreicht. Ermöglicht, ja erzwungen wurde dieser Bund von Natur und Mensch nur mit Hülfe eines überwältigenden Eindruckes der Farben, durch den wir bestimmt werden, selbst das Seltsamste und Abentheuerlichste dieser kühnen Einbildungskraft als glaubwürdig und nothwendig hinzunehmen. Deutet man sich in solcher Weise Böcklins Stil, sein Faust'sches Werben um Helena, so erklärt es sich auch von dieser Seite, wie aus dem Wesen seiner Persönlichkeit, daß etwas Gewaltsames seiner Kunst eigenthümlich blieb, erklärt sich das Übermäßige in seinen Schöpfungen. Gerade diese Erkenntniß aber, welch' großen Widerspruch der Faktoren er zu überwinden hatte, läßt uns die Größe und Gewalt des Meisters bewundern.

Von einem Widerspruch ist in der Kunst Thomas nichts zu gewahren. Bei ihr handelt es sich nicht um eine Vermählung der Antike mit dem modernen Geist, sondern um eine einheitliche Entwicklung aus einfachen Bedingungen. Aus dem heimischen Boden allein zieht sie die Nahrung; ihre Phantasiethätigkeit, wenn auch befördert von Anregungen seitens alter Kunst, wurzelt in den Eindrücken der deutschen Natur und wächst und entfaltet sich in der immer neuen unmittelbaren Belebung durch diese. Dieselbe Kraft, welche der schlichten Wirklichkeit ihre Seele abgewinnt, bevölkert die Welt mit neuen Gestalten. Da bedarf es nicht so gewaltsamer Mittel, wie die, zu denen Böcklin greifen mußte: in ungezwungener Harmonie verbinden sich Geist und Natur. Und so auch konnte sich ein Stil entwickeln, der, deutsch universal, die verschiedenen einheitbildenden Elemente: Zeichnung, Farbe und Licht, gleichmäßig berücksichtigt. Klare, deutliche Formensprache im Einzelnen und in der Raumgestaltung, reine Klarheit der Farben und klare Bestimmtheit des Lichtes bedingen und bestimmen sich gegenseitig. Eine strenge Gesetzmäßigkeit bei größtem Reichthum der Farbenerscheinungen und der linearen Beziehungen kennzeichnet diese in Form und Farbe doch so verschiedenen, mannigfaltigen Werke, und jedes hat, wie ich schon bemerkte, seine Vollkommenheit, weil der Künstler, immer von der Natur inspirirt, frei von jeder Theorie und Tendenz, einzig auf die deutlichste Mittheilung seiner ungesuchten Vorstellungen bedacht ist.

Das ist große, das ist deutsche Kunst – da ist Alles und in der Fülle der Kraft vorhanden: starker Gefühlsausdruck, Universalismus, Naturtreue und lebendigste Phantasie. Da vernehmen wir, wie früher, mit aller Eindringlichkeit das Zeugniß des Deutschen von seiner Auffassung der Kunst: alle Erscheinung ist Wesensoffenbarung, alle Form hat Sinn und Werth nur als Wesensausdruck, und nur in der Verdeutlichung der allumfassenden Einheit von Mensch und Natur findet das Bedürfniß der Seele, ihr inneres Leben äußerlich zu schauen, sein volles Genüge. –

*

Eine letzte Frage höre ich Sie an mich richten: hat diese Kunst Nachfolger gefunden? Sind Hoffnungen, Möglichkeiten einer weiteren an sie anknüpfenden Entwicklung vorhanden? Sind solche nicht vielleicht in den neuesten Erzeugnissen der Malerei zu gewahren? Die Frage wäre begreiflich. Dem Naturalismus gegenüber hat sich, wie wir früher bereits sahen, etwas Anderes entwickelt, was als Phantasiebefreiung und Stilbildung bezeichnet werden könnte. In den zwei Erscheinungen nämlich: der symbolistischen und der dekorativ stilisirenden Richtung. Beide, als Reaktionen entstanden, machen sich seit einer Reihe von Jahren neben dem naturalistischen Impressionismus auf den Ausstellungen, und zwar mit immer größeren Ansprüchen, geltend. Ich betonte aber schon früher, daß beide im Zusammenhange mit dem Impressionismus stehen und ohne diesen nicht denkbar sind. Seine Prinzipien der Farbe und der Technik haben sich, allgemein betrachtet, auf sie fortgepflanzt, und stecken wir die Grenzen weit, so dürfen wir sie als *Moderne* mit dem

Impressionismus zusammenfassen, wenn sie auch dem Gegenständlichen nach reaktionär sind. Wie nun Reaktionen aber immer ins Extreme gehen und immer etwas Ungesundes an sich haben, so gilt auch hier wieder das Urtheil: dies ist kein naives, nothwendiges Schaffen, sondern ein von Prinzipien oder von der Sucht nach Neuem beherrschtes, welches, vom Verstand ausgehend, an den Verstand sich wendet. Die Phantasie, die sich im *Symbolismus* äußert, ist keine natürlich, sondern künstlich erregte, keine freie, sondern eine von Absichten gebundene. Das Gedankenhafte, das fälschlich Böcklin vorgeworfen worden ist, haftet diesen Bestrebungen in auffallender Weise an. Betrachten Sie solche Werke, so wird es Ihnen wie mir ergehen. Sie fragen sich: was meint der Maler eigentlich? Was will er? Was bedeuten diese Gestalten? Und wir würden diese Frage, welche die ästhetische Auffassung hindert, nie beantworten können, da alle Bestimmtheit und Deutlichkeit der Erscheinungen fehlt, und zudem der zu Grunde liegende Gedanke häufig der Klarheit ermangelt, gäben uns nicht Unterschriften einen Hinweis. Selbst dann aber, bei der gesuchten Fremdartigkeit der allegorischen Zeichen, bleibt es bei einem qualvollen Schwanken zwischen Grübeln und Anschauen. Häufig genug werden wir dieser Qual freilich ohne Weiteres überhoben, wenn nämlich das Unästhetische der Vorwürfe uns beim ersten Blick von der Betrachtung abschreckt. Auch der Symbolismus ist unkünstlerisch. Jedes bedeutende Kunstwerk wirkt symbolisch, aber sein Schöpfer geht nicht von der Absicht des Symbolischen aus.

Nicht minder gesucht aber ist auch die *dekorativ stilisirende* Richtung, die dem Gegenständlichen nach mit Vorliebe symbolisch ist. Auch hier wieder ein vom Verstand geleitetes Wollen. Im Gegensatz zu den formenverzehrenden Bacchanalien der Farbe soll durch Zeichnung strenge gesetzmäßige Zucht erneut zur Geltung gebracht werden, mit vorwiegender Betonung des flächenhaft Dekorativen, das sich aus dem Impressionismus von selbst ergab. Nicht aus natürlichen Bedingungen, sondern aus Spekulation hervorgegangen, wirkt diese steiflinige Stilisirung, die auf die primitivsten Kunsterscheinungen zurückgreift und dabei des modernen Raffinements sich nicht entäußern kann, ebenso erzwungen als befremdend, nicht wie ein feuriges Wort der *Jugend*, nein, wie die lehrhafte Deklamation alter, zur Phrase erstarrter Weisheit. Ich kann nicht umhin, bei dieser Gelegenheit auch des willkürlichen Spieles mit den Schriftzeichen zu gedenken, welches hoch ausgebildete alte künstlerische Formen zerstört und an ihre Stelle unschöne und unleserliche Verzerrungen setzt. Halt man denn auch hierin, in diesen Rebusaufgaben, welche allem feineren Formengefühl und dem doch wohl nicht zweifelhaften Zwecke der Schrift Hohn sprechen, wie – ach! so häufig – in der literarischen Sprache, pretentiöse Undeutlichkeit für geistreich?

In den beiden erwähnten Richtungen der neuesten Kunst – mögen auch hier einzelne Leistungen der generellen Kennzeichnung entzogen bleiben – vermag ich für mein Theil nichts Lebens- und Entwicklungsfähiges zu erkennen.

Aber, werden Sie sagen, doch giebt es in Deutschland in unserer Zeit Künstler – und namentlich über einen erwarten wir noch von dir zu hören –, die hohe Beachtung und Werthschatzung verdienen! Gewiß, und nicht wenige, antworte ich. In größerem Maaße aber, als früher, sehe ich mich hier durch den Mangel an Zeit und durch den Charakter meiner Betrachtungen genöthigt, über dem Allgemeinen, um das es mir vor Allem zu thun war, das Einzelne in den Hintergrund treten zu lassen. Wenn ich gleichwohl einige Persönlichkeiten herausgreifend namhaft mache, so geschieht es wiederum nur im Hinblick auf die Probleme, die uns beschäftigt haben.

Die Durchdringung entlehnter französischer impressionistischer Kunst mit deutschen Elementen in ihren verschiedenen Wirkungen zu verfolgen, wäre eine für die Erkenntniß des Deutschen interessante Aufgabe. Man hatte hierbei seine Aufmerksamkeit vielleicht besonders auf *Wilhelm Trübner* und den *Grafen Leopold von Kalckreuth* zu richten, um zwei verschiedene derartige Äußerungen, bei dem Einen in dem energischen, ja rücksichtslosen Dringen auf das Charakteristische, bei dem Anderen in besonderen Stimmungselementen zu erkennen. Und man würde in *Ludwig von Hofmanns* Flucht aus der Realität in die reineren weichen Regionen einer träumerischen Existenz zarter Menschenwesen ein dichterisches Sehnen linden, dem eine festere Bestimmung um so mehr zu Theil zu werden scheint, je mehr es seines deutschen Ursprungs sich bewußt wird.

Andererseits fesseln alle die Bestrebungen, in sinniger, schlichter Wiedergabe der heimathlichen Natur sich unabhängig vom Fremden zu erweisen, wie sie bei Einzelnen und bei sich bildenden Gruppen von Malern, deren Viele Ruhe und Einsamkeit aufsuchen, immer mehr sich zeigen. Freudig ist das hierin sich äußernde Verlangen, entfernt von dem aufdringlichen Kunstgetriebe, sei es auf dem Lande, sei es in Städten sich ernstlich auf die wahren Aufgaben der Kunst zu besinnen und Kräfte für sie zu sammeln, zu begrüßen. Hier bieten sich die hoffnungsvollen Erscheinungen, von denen ich früher sprach, dem Blicke dar. Wie gerne verweilte ich bei ihnen – aber vielleicht ist der Augenblick, sie zusammenfassend betrachten zu können, noch nicht gekommen und nur der Wunsch einer zunehmenden Erstarkung aller dieser stillen und eifrigen Bemühungen vergönnt!

Aber der Meister, über den Sie noch ein Wort besonders hören wollten, ist *Max Klinger*. Ich bedaure, daß mir nicht mehr Zeit vergönnt ist, über diese höchst interessante Persönlichkeit, über das merkwürdige Problem seiner Kunst zu sprechen. Eine erstaunliche Begabung, eine große und nimmer ermüdende Arbeitskraft, ein Vorwartsschauen nach immer neuen Gestaltungsmöglichkeiten, ein überraschendes Ausnutzen derselben. Man pflegt seine Kunst meist in einem Athemzug mit derjenigen Böcklins und Thomas zu nennen – dies beruht auf einer oberflächlichen einseitigen Berücksichtigung der Phantasieelemente, die auch ihr eigenthümlich sind. Vielmehr zeigt sich eine Verschiedenheit von Grund aus. Verglichen mit der Unmittelbarkeit der Anschauung und Phantasiethätigkeit, der Naivetät jener Beiden, wirkt bei Klinger die Reflektion in hohem Grade. Sie beeinflußt seine Einbildungskraft nach der Seite des Gedanklichen. Die Beschäftigung mit der Radirung, die der Ausgangspunkt seiner künstlerischen Thätigkeit war, eröffnete diesem Hange zum Nachdenken Möglichkeiten, welche die Malerei nicht gewährt. Als der Künstler, unbefriedigt vom Graphischen, so ausdrucksfähig er es durch eine fein und reich ausgebildete Technik gemacht, zum Plastiker ward – denn die Malerei mußte der Skulptur den ersten Platz einräumen –, so entschied dabei wohl wesentlich das starke Verlangen nach unmittelbarer Formenwirkung. Aber die Reflektion ließ sich ihre einmal erworbenen Rechte nicht mehr nehmen und führt die Plastik auf seltsame Bahnen, die gleich weit von der strengen Stilbildung Hildebrands, wie von dem Impressionismus Rodins abführen. Auch in den formalen Erscheinungen unterscheidet sich Klinger durchaus von Böcklin und Thoma. Sehr verschiedenartige Elemente klingen in sein Naturstudium, wenn gleich diesem unterworfen, mit hinein: die Eindrücke, die er von Böcklin, vom französischen Naturalismus, von der Antike, vom Japanischen gehabt hat. Ein merkwürdiges und unzweifelhaft sehr fesselndes Schauspiel bietet sich dar: das Ringen nach der Aussöhnung der Phantasie, die auf das Allgemeine ausgeht, mit einer am Besonderen haftenden naturalistischen Anschauung. Der Naturalismus läßt der Phantasie nicht die volle, nothwendige Freiheit, ein allgemeines, typisch Menschliches zu schaffen: das Modellhafte verhindert die glaubwürdige Gestaltung der allgemeinen Idee, und andererseits wird die Phantasie, indem sie gegen die Wirklichkeit reagirt, aus den natürlichen Bahnen ihrer schöpferischen Kraft gedrängt und gelangt zum Gesuchten und Phantastischen. Der Widerspruch, dem die Reflektion zu begegnen sucht, ist ein unlösbarer, denn eben die Reflektion ruft ihn hervor, und die Stilbildung, so ausgeprägt persönlichen Charakter, ein so bewundernswerthes Können die Werke verrathen, scheitert. – Soviel in kurzen Worten, mit dem Bemerken, daß ich durch sie, durch die bloße Hindeutung auf das hier vorliegende Problem Klinger freilich nicht gerecht werden kann.

*

Wir sind zum Schlusse gelangt. Alle unsere Erwägungen drängen zur Frage bin: worin und auf welchem Wege liegt das Heil der Zukunft deutscher Malerei? Denn trotz aller unerbittlichen Aufdeckung der ungünstigen Bedingungen, welche der Entwicklung der bildenden Kunst im XIX. Jahrhundert hinderlich waren, und so sorgenvoll wir alle die unverkennbaren, dem Idealen feindlichen Erscheinungen, welche unsere Kultur bedrohen, gewahren – wer sagt uns, daß noch vorhandene ächte Kraft, wachsendes geistiges Bedürfniß aller edlen unbefriedigten Seelen nicht neue Bedingungen schafft? Daß nicht innere Noth wieder ihr großes Werk ideeller Gemeinsamkeit in Ideen, die wir im tiefsten Sinne religiöse nennen dürfen, schafft? Zeigt sich die Nothwendigkeit solcher Ideen nicht mit jedem Tage deutlicher, angesichts des rücksichtslosen Vorwärtsschreitens egoistischer Sonderinteressen und sozialer Kampfe, die auf bloß materiellem Gebiete niemals zu einem heilvollen Ausgang gebracht werden können? Und, wenn solche Ideen rettend, versöhnend und verbindend aus dem Dunkel der Seelen, in das kein Auge hinabschaut, sich erheben, kann dann und wird dann nicht die Kunst aus ihrem Spiele mit sich selbst zu höchsten Aufgaben emporgezogen werden? Wir hoffen – wir wissen aber auch, daß nur aus der Innerlichkeit die Kraft zu gewinnen ist.

Und wie dürfen wir uns den Weg, den jeder für das Ganze der Kultur mitwirkende deutsche Maler beschreiten müßte, denken? Wenn wir so Vieles in der modernen Kunst als irrig und irreführend, wenn wir als die originellsten und größten Schöpfer Böcklin und Thoma betrachten mußten – muß nun die Parole heißen: Nachahmung der Werke dieser beiden Meister? Als sollte ein Jeder Phantasiedarstellungen, wie sie, schaffen, mit ihren Farben und Formen! O nein, keine Nachahmung! Aber ein Gestalten in solchem Geiste, und zwar ganz besonders in dem Thomas. Weßhalb gerade in dem seinigen, brauche ich kaum mehr zu sagen. Seine Kunst ist die Befreierin von allem Verstandeszwange, von allem Gesuchten und Künstlichen, welches das ächte schöpferische Gefühl zu ersticken droht. Sie sagt in ihrer Schlichtheit und in ihrem Reichthum: weg mit allem Impressionismus und Symbolismus und Stilismus, mit allen Theorieen und Prinzipien, wie sie sich auch benennen mögen! Weg mit allen Schlagworten, selbst so gut gemeinten, wie Heimathskunst! Weg mit dem Suchen nach Neuem, Auffallendem, das schließlich dazu führt, Ja statt Nein und Nein statt Ja zu sagen! Los von der Sklaverei der Meinungen Anderer – ach! dürfte man rufen: los von den großen Ausstellungen, könnte man sagen: überhaupt keine solche Schaubietungen mehr, auf denen alles Schlechte sich vordrängt, alles Gute leidet! Zurück zur unvoreingenommenen, liebend hingebenden Betrachtung der Natur, zur innigen Werthschätzung aller ihrer Einzelerscheinungen, zum Nachfühlen der in ihr waltenden Kräfte! Sagt sie doch Jedem etwas Neues, der in Einfalt ihr lauscht. Zurück zur fleißigen Bemühung um sorgfaltig ausführende Technik, zu gewissenhaften zeichnerischen Studien nach der Natur! Hinweg von der Buhlerei mit lasziven Vorstellungen, von der brutalen Anmaßung cynischer Skepsis! Zurück zu der zarten Scheu sittlichen Empfindens, zu der reinen keuschen Sinnlichkeit, welche der Quell aller künstlerischen Inspiration! Ein Jeder vertraue in Liebe zur Natur und in Verehrung des Göttlichen sich selbst. Und Freiheit dann auf solchen Grundlagen dem dichterischen Walten der Phantasie!

Hierauf, auf das Werden dieser Zukunft, auf die Ermunterung aller in solchem wahren Sinne jugendlichen Bestrebungen hielten wir bei diesen Betrachtungen schließlich immer den Blick gerichtet. Wir wollten Klarheit, wollten einen sicheren Standpunkt für die Beurtheilung der Kunst gewinnen – der Kunst, denn schließlich gelten alle diese Erwägungen zugleich den anderen künstlerischen Erscheinungen unserer Zeit in der Architektur und Plastik – und in manchem Sinne auch denen der Dichtkunst und Musik.

Nun sind die Worte, die ich gesprochen habe, über den Hörerkreis in diesem Saale hinausgedrungen in die weitere Öffentlichkeit und haben gereizte Entgegnungen erfahren. Diese zeigen, daß Eines, was ich gewollt, erreicht wurde: die Erkenntniß, daß es sich bei dem Kampfe, der entstanden ist, im letzten Grunde um die Gegensätze zweier Weltanschauungen handelt. Aber freilich nicht in dem Sinne, wie es Meier-Graefe in einem letzten Angriffe auf mich formulirt hat, als stünde auf der einen Seite, auf der meinen, der Glaube an die Unterscheidung des Menschlichen nach Religionen, und auf der anderen, der meiner Gegner, die Aufklärung, die uns seit einigen hundert Jahren die Früchte der Kultur beschert. O nein! *Diese Weltanschauungen sind mit zwei anderen kurzen Worten zu bezeichnen: die eine ist die idealistische, die andere die realistische. Der Grund und Boden, auf dem wir in diesen Vorlesungen standen, war der des Idealismus! Dieser aber, können wir getrost behaupten, ist von jeher die künstlerische Weltanschauung gewesen, und, dürfen wir hinzufügen, auch die ganz besondere deutsche.* Ihr verdankt Deutschland seine geistige Größe. Ihre höchsten ästhetischen Verkündiger: Lessing, Herder, Schiller, Goethe und Richard Wagner, Kant und Schopenhauer waren es daher auch, die bei diesen Untersuchungen über die Kunst als Führer und Helfer uns zur Seite standen. Mit ihnen sagen wir im Gegensatz zu dem Formalismus der Realisten, daß Kunst Ausdruck von Ideen und die Naturnachbildung nur Mittel zum Zweck ist. Unser Bekenntniß kurz zusammenzufassen, giebt es immer wieder nur das eine ewige und in die Ewigkeit führende Wort:

Alles Vergängliche ist nur ein Gleichniß.

Über tredition

Eigenes Buch veröffentlichen

tredition wurde 2006 in Hamburg gegründet und hat seither mehrere tausend Buchtitel veröffentlicht. Autoren veröffentlichen in wenigen leichten Schritten gedruckte Bücher, e-Books und audio-Books. tredition hat das Ziel, die beste und fairste Veröffentlichungsmöglichkeit für Autoren zu bieten.

tredition wurde mit der Erkenntnis gegründet, dass nur etwa jedes 200. bei Verlagen eingereichte Manuskript veröffentlicht wird. Dabei hat jedes Buch seinen Markt, also seine Leser. tredition sorgt dafür, dass für jedes Buch die Leserschaft auch erreicht wird.

Im einzigartigen Literatur-Netzwerk von tredition bieten zahlreiche Literatur-Partner (das sind Lektoren, Übersetzer, Hörbuchsprecher und Illustratoren) ihre Dienstleistung an, um Manuskripte zu verbessern oder die Vielfalt zu erhöhen. Autoren vereinbaren direkt mit den Literatur-Partnern die Konditionen ihrer Zusammenarbeit und partizipieren gemeinsam am Erfolg des Buches.

Das gesamte Verlagsprogramm von tredition ist bei allen stationären Buchhandlungen und Online-Buchhändlern wie z. B. Amazon erhältlich. e-Books stehen bei den führenden Online-Portalen (z. B. iBookstore von Apple oder Kindle von Amazon) zum Verkauf.

Einfach leicht ein Buch veröffentlichen: **www.tredition.de**

Eigene Buchreihe oder eigenen Verlag gründen

Seit 2009 bietet tredition sein Verlagskonzept auch als sogenanntes "White-Label" an. Das bedeutet, dass andere Unternehmen, Institutionen und Personen risikofrei und unkompliziert selbst zum Herausgeber von Büchern und Buchreihen unter eigener Marke werden können. tredition übernimmt dabei das komplette Herstellungs- und Distributionsrisiko.

Zahlreiche Zeitschriften-, Zeitungs- und Buchverlage, Universitäten, Forschungseinrichtungen u.v.m. nutzen diese Dienstleistung von tredition, um unter eigener Marke ohne Risiko Bücher zu verlegen.

Alle Informationen im Internet: **www.tredition.de/fuer-verlage**

tredition wurde mit mehreren Innovationspreisen ausgezeichnet, u. a. mit dem Webfuture Award und dem Innovationspreis der Buch Digitale.

tredition ist Mitglied im Börsenverein des Deutschen Buchhandels.

Dieses Werk elektronisch lesen

Dieses Werk ist Teil der Gutenberg-DE Edition DVD. Diese enthält das komplette Archiv des Projekt Gutenberg-DE. Die DVD ist im Internet erhältlich auf **http://gutenbergshop.abc.de**